ALEJANDRO LLANO

GNOSEOLOGIA

SEPTIMA EDICION

EUNSA
EDICIONES UNIVERSIDAD DE NAVARRA, S.A.
PAMPLONA

Ediciones Universidad de Navarra, S.A. (EUNSA)
Plaza de los Sauces, 1 y 2. 31010 Barañáin (Navarra) - España
Teléfono: +34 948 25 68 50 - Fax: +34 948 25 68 54
e-mail: info@eunsa.es

Primera edición: 1983
Sexta edición: 2003
Primera reimpresión: Junio 2007
Séptima edición: Octubre 2011

ISBN: 978-84-313-2817-7
Depósito legal: NA 1.855-2011

Imprime:
Podiprint

Printed in Spain - Impreso en España

Cupón para la Biblioteca Virtual

Accede a la versión eBook de este título por solo **1,99 €**. Con la compra de este libro puedes utilizar el siguiente cupón para la lectura en *streaming** desde la Biblioteca Virtual. **Sigue estas instrucciones** para visualizar tu libro:

1. Dirígete a la web de la Biblioteca Virtual en **https://ebooks.eunsa.es**.

2. En la web ve a **Iniciar sesión** e introduce tu email y contraseña. Si no estás registrado, deberás completar el proceso en **Registrarse**.

3. Tras registrarte, accede a la página del libro o lee el QR de esta página. Bajo el precio podrás **insertar el código oculto en el siguiente cupón** para activar la promoción.

Despegue para visualizar

Acceso directo al eBook

No se admitirá la devolución del libro si el código promocional ha sido manipulado.

Canjéalo en ebooks.eunsa.es

*Con acceso a internet desde cualquier navegador.

INDICE GENERAL

PROLOGO

Se dirige este libro a quienes deseen iniciarse en el estudio de la teoría metafísica del conocimiento. Es éste un territorio filosófico cuya dificultad es tan notoria como su interés. La capacidad de conocer es una realidad radical y sorprendente, que ha traído en vilo desde antiguo la admiración de los filósofos. Pero el problema del alcance y la validez del conocimiento humano también ha sido objeto de profundas y sutiles discusiones, especialmente en los tiempos nuevos.

Aunque la finalidad introductoria de este libro me impide penetrar –como he intentado otras veces– en los intricados vericuetos de esas confrontaciones, no me dispensa de presentar los temas de fondo con el rigor y la claridad que merece el lector decidido a acercarse a cuestiones tan alejadas –aparentemente– de las preocupaciones diarias.

La claridad ha sido, en efecto, uno de los propósitos que me ha guiado al escribir estas páginas. Pero no he tratado de lograr una simplificación ficticia de los problemas a costa del rigor en su presentación y tratamiento. Siempre he pensado que una buena manera de lograr simultáneamente ambos objetivos es la de situar al lector, incluso al que da sus primeros pasos en las disciplinas filosóficas, ante los textos de los grandes pensadores. No hay mejor iniciación. Tienen esos textos la sencilla profundidad del pensamiento vivo y originario, sin la carga de complicaciones adicionales que echan sobre ellos las interpretaciones y comentarios.

La presencia en directo de Aristóteles y Tomás de Aquino, de Kant y Hegel, es quizá lo que más distingue este ensayo mío de los manuales consagrados en la materia, que también me han servido como esquemas de referencia para ordenar de manera didáctica las diversas cuestiones. No ha sido posible dar un panorama completo del estado actual de los problemas, aunque se apuntan referencias bibliográficas que pueden abrir caminos para el estudio personal de las investigaciones gnoseológicas más recientes.

La distribución de los temas responde a una estructura sencilla. Es imprescindible comenzar con una presentación del problema central de esta disciplina –el *problema crítico*– y de los planteamientos básicos de los que la gnoseología parte para intentar resolverlo. Los capítulos segundo y tercero –que tratan, respectivamente, de *la verdad* y *la certeza*– constituyen, sin duda, el núcleo de este pequeño libro, porque en ellos se estudian los temas más característicos de la teoría del conocimiento. El posterior examen del *escepticismo* y del *idealismo* tiene, en cambio, un carácter preferentemente polémico, aunque contribuya a perfilar el sentido de las tesis sistemáticas que aquí se proponen. Finalmente, el estudio del *ser en el conocimiento* pretende profundizar en algunas doctrinas ontológicas y psicológicas a las que la gnoseología debe recurrir de continuo.

Señalaré, por último, que la línea teórica de fondo en la que me muevo es el realismo metafísico. El atenimiento a esta posición tiene a su favor lo mejor de la filosofía clásica y la actual reposición de la primacía del ser sobre el pensar, llevada a cabo –sobre todo– por la fenomenología realista y la más reciente filosofía analítica. Pero las razones decisivas, en las que el realismo se apoya, no se encuentran en los libros de los filósofos antiguos o actuales: se leen en las cosas mismas, que constituyen el objeto de nuestro conocimiento y el tema de nuestro lenguaje. La rehabilitación de la actitud realista es, además, condición de posibilidad para que la filosofía vuelva a cumplir su función orientadora de la existencia personal y de la praxis social.

CAPÍTULO I

EL PROBLEMA CRITICO Y LA GNOSEOLOGIA

1. EL VALOR DE LA CRÍTICA

En el uso común del lenguaje, la utilización de la palabra «crítica» va actualmente acompañada de un indiscutido prestigio. *Criticar,* en efecto, parece ser una tarea siempre positiva y necesaria. No ejercerla, en cambio, sería –en el mejor de los casos– síntoma de inmadurez y conformismo; y –en el peor– manifestación de algo que se presenta como lo más reprobable: el «dogmatismo».

La *actitud crítica* a ultranza pretende que no se debe aceptar nada como firmemente establecido; que el hombre adulto debe someterlo todo a un examen implacable, basado exclusivamente en su propio juicio. Tal postura aparece, a primera vista, como intachable; y, sin embargo, sus implicaciones y presupuestos son realmente muy complejos.

Cabe notar, por de pronto, que tal actitud esconde no pocas veces una clara inconsecuencia, que se descubre al comprobar que el pretendido criticismo acepta sin vacilar *slogans* ideológicos que no han sido sometidos a la crítica que se propone como método universal. Y es que, en rigor, no es posible criticarlo todo. Si la *actitud crítica* fuera consecuente y radical, nunca podría detenerse: jamás habría conocimiento alguno cierto, ni normas u orientaciones para actuar. Y, en tal caso, ni siquiera sería viable la propia crítica que –por radical que quiera ser– se realiza siempre desde la aceptación de unos presupuestos.

Las raíces del criticismo

Pocos advierten que esta postura criticista, tan difundida en nuestro tiempo, hunde sus raíces precisamente en un tipo de pensamiento filosófico que quiso eliminar todo presupuesto, para afirmar la completa autonomía de un hombre *emancipado*[1]. El intento de liberación de todo prejuicio empezó precisamente al someter todos nuestros conocimientos a la *duda universal.* La historia de la filosofía moderna es, en buena parte, la historia del esfuerzo por conseguir una absoluta *exención de supuestos (Voraussetzungslosigkeit).* Pero se trata de un empeño frustrado. Cuando se comprueba el fracaso de la pugna por lograr un *saber absoluto* (absuelto, exento), queda sólo la negativa actitud de «sospecha» ante toda presunta certeza; y, llevada hasta el final, la *sospecha* no puede abocar sino en el nihilismo. *La crítica sistemática no conduce a nada.*

La filosofía del siglo XX parte de la conciencia de ese fracaso histórico de la crítica como sistema. Las líneas de pensamiento más características de este siglo –la fenomenología, el análisis lingüístico, la hermenéutica y la metafísica del ser– han abandonado la ingenuidad del criticismo a ultranza, aunque no siempre consigan liberarse totalmente de las raíces que lo alimentaron. En la dirección hermenéutica, por ejemplo, Gadamer ha mantenido que «el prejuicio básico de la Ilustración es el prejuicio contra todo prejuicio y con ello la desvirtuación de la tradición»[2]; cuando lo cierto es –añade– que toda comprensión tiene necesariamente unos presupuestos, que es preciso reconocer y examinar.

Rectificación de la crítica

Nos encontramos, por lo tanto, en buenas condiciones históricas para conferir a la *crítica* su auténtico valor, que concuerda

1. Cfr. R. ALVIRA: *Nota sobre la relación entre algunos conceptos fundamentales del pensamiento moderno.* En «Etica y Teología ante la crisis contemporánea». Eunsa, Pamplona 1980.
2. H. G. GADAMER: *Wahrheit und Methode. Grundzüge einer philosophischen Hermeneutik.* J.C.B. Mohr (Paul Siebeck), Tübingen 1960, p. 255.

justamente con su acepción original. «En el sentido etimológico, criticar es escoger, elegir, por lo tanto juzgar, juzgar el valor de una cosa en función de una regla o un ideal. En este sentido se habla de crítica literaria, de crítica musical, etc.»[3]. Tiene, entonces, un significado cercano a «criterio», «discernimiento» o «análisis».

En este sentido, posee una positiva capacidad crítica el que no se somete a los tópicos ambientales dominantes, el que se atreve a pensar por cuenta propia, midiendo su conocimiento por la realidad, en una continua búsqueda de la verdad de las cosas. Correcta actitud crítica significa, entonces, *buen criterio*. Por el contrario, no es fecunda –sino destructiva– la actitud crítica que implica someter a *crisis* todos nuestros conocimientos reales, desde el punto de vista de las supuestas exigencias del pensamiento, tomado como inicio absoluto. No es manifestación de rigor ni de radicalidad el intento –nunca plenamente logrado– de suspender el valor de todo conocimiento y pasar a reexaminarlo –reflexionando sobre él– para comprobar si efectivamente tenemos razones claras y ciertas para considerarlo verdadero o, al menos, bajo qué condiciones y hasta qué punto lo es.

La auténtica crítica intenta aquilatar nuestro conocimiento, para que se conforme mejor con el ser. La crítica desbordada, por el contrario, pretende juzgar el ser desde el pensar. Conviene que examinemos –en un primer acercamiento– cómo se llegó hasta ese extremo.

2. CONSTITUCION Y DESARROLLO HISTORICO DEL PROBLEMA CRITICO

Sus orígenes occamistas

Nos hallamos, como se acaba de ver, en el tramo final de un proceso histórico que consideró la *crítica del conocimiento* como el inicio y fundamento de la filosofía. Pues bien, el comienzo de ese camino se debe situar en el siglo XIV. La armonía de la síntesis tomista –que recoge lo mejor de la tradición clásica y medieval, pero que ante todo es un vigoroso empeño por adecuarse a la realidad– se quiebra en la profunda crisis del nominalismo occa-

[3] R. VERNEAUX: *Epistemología general o Crítica del conocimiento*. Herder, Barcelona 1971, p. 25.

mista que contrapone la razón a la Fe y niega la capacidad humana para conocer las esencias de las cosas. Como base metafísica, Occam (1298-1349) propone un *contingentismo absoluto,* en el que los entes finitos pierden su estabilidad y consistencia propia, quedando a merced de una omnipotencia divina, concebida como voluntad arbitraria, que podría hacer que conociéramos lo que no existe, que todo lo que parece verdadero fuera –en realidad– falso.

Tal es, para Guillermo de Occam, la precaria situación del hombre en el mundo. La filosofía y el entero conocimiento humano –perdida su inserción en el ser y su armonía con la Fe– se tornan problemáticos. Surge así lo que más tarde se llamará «problema crítico»: la apremiante cuestión de *si podemos estar ciertos de nuestro conocimiento;* no vaya a ser que estemos sometidos a la ilusión de tomar por verdadero lo que es erróneo o, sin más, incognoscible. Esta cuestión pasa a primer término, hasta el punto de considerarla decisiva, cuando se formula desde un inmanentismo antropocéntrico que *afirma la primacía del pensar sobre el ser, y niega el alcance trascendente del conocimiento humano.* El hombre quiere, entonces, dominar completamente el ámbito de su acción, aunque para lograrlo tenga que reducir drásticamente su alcance.

Occam postulaba que sólo se conoce lo que se conoce intuitivamente *(nihil cognoscitur nisi cognoscatur intuitive).* Es la llamada *vía moderna.* Sólo vale el conocimiento directo e inmediato de los singulares. La abstracción, en cambio, es una fuente de engaños; nos hace suponer que existen entidades ocultas (esencias, formas sustanciales, potencias), que –por lo menos– son innecesarias y a las que, en consecuencia, hay que aplicarles la famosa «navaja de Occam»: *non sunt multiplicanda entia sine necessitate.* Sólo se admitirán, por tanto, los objetos directamente cognoscibles: o bien por la línea de la intuición sensible, ensayada por el empirismo; o bien por la vía de la intuición intelectual, que postula un conocimiento directo de las esencias, recorrida por el racionalismo.

El criticismo cartesiano

Es en esta segunda orientación –especialmente por obra de Descartes (1596-1650)– donde se sentarán los principios que conducen al idealismo moderno. Se invierte el sentido mismo de la metafísica: el ser se resuelve en *conciencia.* Y, desde este presupuesto, se realiza un examen *crítico* del conocimiento humano: inquisición que parte de una duda radical, de la que emerge la certeza de la existencia del sujeto pensante y, desde ella, sucesivas certezas que se conquistan por una deducción de traza geométrica. El sujeto se potencia hasta pensar a Dios, pero *nunca traspasa realmente el ámbito de las representaciones mentales.* En esta dirección, el pensamiento moderno será, sobre todo, *una filosofía de la conciencia representativa.*

Como veremos más adelante, ya los antiguos se ocuparon de cuestiones gnoseológicas y anticiparon posturas que podrían llamarse «idealistas». Pero estos intentos alcanzan en la modernidad una fundamentación más radical y coherente: el *principio de inmanencia.* Según este principio –que ha revestido muy diversas formulaciones– la mente humana no alcanza otro objeto que sus propias ideas o representaciones. No tendrá sentido, por lo tanto, el empeño de captar la realidad en sí misma, con lo cual el propio conocer queda radicalmente problematizado. Lo que es seguro es que *se piensa* –en la más amplia acepción de «pensar»: conceptualizar, sentir, querer, etc.–, pero resulta dificultoso precisar qué es lo que se conoce y si, en general, se conoce realmente algo.

La filosofía crítica de Kant

Kant (1724-1804) es el autor que formula de manera más sistemática y profunda las consecuencias de este planteamiento. Su empeño es precisamente el constituir una *filosofía crítica,* que transforme y sustituya a la antigua *filosofía dogmática.* Trata de realizar «un requerimiento a la razón, para que emprenda de nuevo la más difícil de las tareas, la del propio conocimiento, y establezca un tribunal que la asegure en todas sus pretensiones legítimas y que en cambio acabe con todas las arrogancias infundadas, y no por medio de afirmaciones arbitrarias, sino según sus eternas e inmutables leyes. Este tribunal no es otro que la *Crítica de la razón pura* misma»[4].

Para el realismo, el ser es el fundamento del pensar. Pues bien, ahora se trata de invertir esta situación, llevando a cabo una auténtica *revolución* filosófica. El propio Kant la llamó «revolución copernicana»: así como Copérnico mantuvo que no giraba el

4. I. KANT: *Crítica de la Razón pura.* Prólogo a la 1.ª edición, A XI-XII.

sol en torno a la tierra sino la tierra alrededor del sol, se establece que no es el pensamiento humano el que gira en torno a las cosas, sino los *objetos* –las *cosas mismas* se decretarán incognoscibles– los que giran teniendo al sujeto cognoscente como eje. La filosofía kantiana es esencialmente una crítica del conocimiento: una gnoseología que pretende ocupar el lugar de la metafísica, constituirse en una nueva filosofía primera. El método filosófico será también *crítico,* en un sentido peculiar que Kant denomina «trascendental», consistente en *reflexionar sobre las condiciones subjetivas del conocimiento de objetos,* que constituyen también los principios de estructuración de los propios objetos. Si Descartes había situado en primer término la cuestión del método, para Kant la filosofía crítica llega a identificarse con su método. Considera, en efecto, que la *Crítica* es un tratado del método[5], que debe penetrar muy profundamente en la naturaleza de la razón, en cuanto que ésta tiene simplemente por objeto pensamientos puros[6]. Ya no se intenta pensar sobre las cosas, sino pensar sobre el pensar: la clave de los problemas filosóficos se encuentra en el autoconocimiento de la razón.

La radicalización de la crítica

La filosofía contemporánea adopta, en amplia medida, el *método crítico* propuesto por Kant. Pero sucede que, por su propia naturaleza, la actitud crítica parece no poder detenerse. Las condiciones del conocimiento a las que en cada caso se llegue, siempre podrán someterse a una crítica ulterior, que pretenda ser aún más radical. Por ejemplo, en el *marxismo* se mantiene que nuestras concepciones dependen de las condiciones estructurales de la producción y de la conciencia de clase social. Los *historicistas* establecerán una esencial conexión entre las diversas visiones del mundo y las coyunturas históricas en las que éstas surgen y a las que son relativas. En el *vitalismo* y en el *existencialismo* se mantendrá que hay un fondo antropológico no racional, más radical que todo conocimiento. El *neopositivismo* y algunas corrientes de la *filosofía analítica* defenderán, por fin, que el lenguaje rige al pensamiento y, por lo tanto, que «toda filosofía es crítica del len-

5. Cfr. KANT: op. cit., Prólogo a la 2.ª edición, B XXII.
6. Cfr. I. KANT: *Prolegómenos a toda metafísica futura.* Ak, IV, 1.259.

guaje»[7]. Es un proceso de radicalizacion de la crítica, que empezó por ser gnoseológica y acaba por resultar sociológica, histórica, psicológica o lingüística. Cada vez queda menos en lo que apoyarse: la perspectiva final es un hombre vacío en un mundo vacío. Es significativo que tras la «muerte de Dios», anunciada lúcidamente por Dostoyevski y propugnada trágicamente por Nietzsche (1844-1900), haya sido posible que algunos estructuralistas actuales –Lévy-Strauss, Foucault, Althusser– proclamen retóricamente la «muerte del hombre», como desenlace antihumanista del humanismo truncado. Si la filosofía es sólo *crítica*, el «final de la filosofía» –registrado tanto por Marx (1818-1883) como por Heidegger (1889-1976) y Wittgenstein (1889-1951)– parece una consecuencia inevitable. La crítica devora a sus propios hijos.

Muy duras han sido las experiencias históricas a las que ha conducido un pensamiento divorciado de la realidad. A la vista tenemos sus consecuencias éticas (relativismo, permisivismo, inmoralismo), sociológicas (totalitarismos de diverso jaez) y religiosas (pérdida de la Fe, naturalismo, subjetivismo teológico). Mientras las repercusiones de estos modos defectuosos de pensar parecen extenderse de modo creciente, se viene registrando –desde diversas posiciones– una profunda revisión del criticismo, cuyos primeros resultados anuncian una rehabilitación del realismo metafísico.

La reposición de la metafísica del ser

A lo largo de este siglo, se ha operado un retorno a la tradición de la metafísica del ser, gracias –sobre todo– a una renovada atención a la filosofía de Santo Tomás de Aquino. Pero, dentro incluso de la llamada «neoescolástica», no han faltado intentos de conciliar la metafísica realista con el criticismo. El engendro resultante de una tarea tan bien intencionada como mal enfocada ha sido el denominado «realismo crítico», que pretende recuperar críticamente el ser a partir del pensar, aceptando inicialmente ciertos planteamientos inmanentistas, para tratar de superarlos en un segundo momento. Desde la metafísica del ser se ha hecho ver el carácter inconcluyente e incluso contradictorio de tal «realismo crítico»: si se acepta un estricto planteamiento crítico, la realidad

7. L. WITTGENSTEIN· *Tractatus logico-philosophicus*, 4.031. *Schriften*. I. Suhrkamp, Frankfurt 1963, p. 28.

que se recupera no es más que una realidad pensada, medida por nuestro conocimiento. La metafísica realista ha de empezar por el ente real, previo y anterior al conocer mismo, lo primero conocido y aquello en lo que todo conocimiento se resuelve. Sólo con base en el conocimiento de la realidad, el hombre puede conocer el acto con el que conoce las cosas, es decir, reflexionar. *La realidad es la fuente de todos los conocimientos y la medida de su verdad.*

Tenemos, por lo tanto, sólidas razones para sostener que la teoría del conocimiento no debe encaminarse exclusivamente por el sendero de la *crítica.* Lo cual, por cierto, no significa –como pretenden siempre los idealistas– que la gnoseología de inspiración realista sea simplista y confusa («acrítica»). Ha de ser «reflexiva» y «crítica» en la acepción original de estos términos, pero no en el sentido que les ha dado el idealismo. Es más, le corresponde realizar la *«crítica» de la crítica,* basándose en el conocimiento de la realidad. Actitud que, además, conecta con las mejores preocupaciones del actual momento filosófico, como tendremos ocasión de poner de relieve.

3. El papel de la gnoseología en el saber filosófico

Primacía y descalificación de la gnoseología

En los idealismos contemporáneos –sobre todo, en los de inspiración kantiana–, la gnoseología se consideraba como la disciplina primera y radical. La propia metafísica debería someterse al dictamen previo de la teoría del conocimiento, que decretaría su viabilidad o su inviabilidad (con más frecuencia ésta que aquélla, como era de esperar). Pero la crítica radical –sin apoyo alguno–de nuestras facultades de conocer aboca en una petición de principio. Según la metáfora kantiana, la propia razón se sienta como acusada ante el tribunal en el que ella misma es juez. Mas si la capacidad de la razón para conocer la verdad es lo que está en cuestión, ¿cómo podrá ella misma solventar el litigio?

Este círculo vicioso y las consecuencias a las que conduce –antes apuntadas– ha provocado con frecuencia la descalificación de la gnoseología en las últimas décadas. Se ha llegado, incluso, a considerar la teoría del conocimiento como una «disciplina muerta»[8]. Grande ha sido, en este punto, la influencia de la crítica de Heidegger a la filosofía de la conciencia, en la que denuncia una *sustitución de la verdad por la certeza*[9] y la consiguiente *interdependencia de la realidad y el representar*[10], que consagra el definitivo *olvido del ser*.

Las acertadas críticas de Frege[11] y Husserl[12] al psicologismo contribuyeron a superar el planteamiento de una teoría del conocimiento empirista, que conducía al relativismo. Pero la radicalización del antipsicologismo –que aconteció, sobre todo, en el positivismo lógico– condujo a una especie de platonismo logicista en el que se prescindía de toda consideración gnoseológica. Sin embargo, la propia evolución de la fenomenología y la filosofía analítica ha facilitado el obtener las consecuencias positivas de las iniciales posturas realistas de Husserl y Frege[13]. De esta manera, la actual situación intelectual está abierta a una reelaboración de la teoría del conocimiento no lastrada por el idealismo ni por el empirismo, y que vuelva a encontrar su lugar en el contexto del saber filosófico.

Cometido de la gnoseología

Ciertamente, la gnoseología puede ayudarnos a aquilatar mejor nuestros conocimientos y a rectificar errores. Es posible una cierta «autocrítica» del conocimiento, no en el sentido de la crítica radicalizada, sino en el sentido original de «crítica» como discernimiento. En efecto: «la facultad intelectiva goza del poder de hacerse cargo del conocimiento sensorial y, sobre todo, (...) es capaz de reflexionar sobre sus propios actos y deficiencias de hecho; y en este sentido se emplean frecuentemente fórmulas tales como «recapacitar», «volver sobre las propias opiniones», «revisar

8. Cfr. G. PRAUSS: *Einführung in die Erkenntnistheorie*. Wissenchaftliche Buchgesellschaft, Darmstadt 1980, p. 1.

9. M. HEIDEGGER: *Nietzsche II*. Neske, Pfullingen 1961, p. 42.

10. HEIDEGGER: op. cit., p. 436.

11. G. FREGE: *Fundamentos de la Aritmética* (1884). Laia, Barcelona 1973, 2.ª edic., pp. 15-19.

12. E. HUSSERL: *Investigaciones lógicas* (1900). «Revista de Occidente», Madrid 1967, 2.ª edic. Vid. especialmente: «Prolegómenos a la lógica pura» (tomo I).

13. Cfr. M. DUMMETT: *Frege. Philosophy of Language*. Duckworth, Londres 1973; J. SEIFERT: *Erkenntnis objektiver Wahrheit*. A. Pustet, Salzburg 1976, 2.ª edic.

nuestros juicios», etc. Todo ello supone, sin embargo, que nuestro entendimiento es esencialmente apto para su propio fin, aunque fácticamente y de una manera accidental sea susceptible de errores o desviaciones. Si no ocurriera así, carecería de sentido pretender remediar sus desaciertos, pues un entendimiento incapaz de captar la verdad no saldría del error por más vueltas que a éste le diera. Todos los métodos y todas las cautelas de la ciencia implican, en última instancia, la fundamental certeza de que la verdad es de algún modo asequible. Por consiguiente, plantear la autocrítica del conocimiento como el problema de si éste es realmente capaz de alguna verdad y certeza, constituye una ingenuidad superlativa por más que se disfrace de un aparato crítico espectacular. Si de veras se duda que nuestra facultad de conocer sea realmente buena, carece de sentido utilizarla para medir su verdadero valor. Toda la sutileza de los críticos choca contra este escollo inevitable; pues ¿cómo vamos a averiguar si nuestra facultad cognoscitiva es «válida», si en cualquier caso hemos de «valernos» de ella para llevar a cabo la averiguación?»[14].

Denominación de esta disciplina

Para evitar desde el principio tal tipo de aporías, es preferible no dar a esta disciplina el nombre de *Crítica,* que era hasta hace poco frecuente, incluso en obras ajenas al planteamiento criticista. Otros prefieren el título *Epistemología,* que presenta la desventaja de que actualmente se utiliza sobre todo con el sentido de *Filosofía de la Ciencia* o *Teoría de la Ciencia.* El rótulo *Criteriología* es demasiado restringido y se presta también a algunos equívocos. De aquí que *Gnoseología* (o su equivalente: *Teoría del conocimiento)* resulte el título más conveniente para encuadrar el conjunto de cuestiones relativas a la posesión del *ser* por el *conocimiento,* es decir, a la *metafísica de la verdad.*

El lugar de la gnoseología

En el planteamiento realista, la gnoseología no tiene la preeminencia que se le atribuye en los idealismos. No se comienza por

14. A. MILLÁN-PUELLES: *Fundamentos de Filosofía.* Rialp, Madrid 1976, 8.ª edic., p. 457.

una inviable discusión radical del valor del conocimiento, sino que se parte de su pacífica posesión, con el empeño de investigar la verdad de las cosas. Esta manera de proceder puede hoy resultar extraña, pero lo cierto es que responde a la dinámica natural del conocer humano. Por lo demás, la primacía del enfoque ontológico sobre el gnoseológico vuelve a ser reconocida y justificada con rigurosos argumentos por el pensamiento contemporáneo[15]. En primer lugar –y fundamentalmente– conocemos realidades; sobre esta base, conocemos que conocemos. Si la mente no está actualizada por el conocimiento de la realidad, no puede conocer que conoce.

Tal es el enfoque de la filosofía clásica, en la que la gnoseología no constituye un estudio estrictamente precisado. Así como el análisis y la refutación de errores no forman una parte delimitada dentro del saber filosófico, tampoco la teoría del conocimiento se configura como un tratado del todo independiente. Sus desarrollos se relacionan con la lógica y la psicología; pero, primordialmente, se integran en la metafísica.

La defensa de la verdad en la gnoseología clásica

El trabajo de esclarecer la verdad siempre ha ido acompañado del esfuerzo por impugnar el error. La inteligencia del hombre está básicamente orientada hacia la verdad, pero –debido a que, en cierto sentido, es limitada y, en ocasiones, por una mala disposición moral del sujeto– el error puede llegar a afectar a los propios principios primeros del conocimiento. Ya en los albores del filosofar aparecen quienes niegan el axioma más evidente: «Hay algunos –registra Aristóteles– que pretenden que una misma cosa es y no es»[16]. Negación del principio de contradicción que se prolonga hasta nuestros días, ya que la «superación de la contradicción» constituye uno de los elementos básicos de la dialéctica marxista. Sucede, por tanto, que a lo largo de la historia se han negado o deformado los principios primeros y las verdades más evidentes (la realidad de la causalidad, la existencia del mundo extramental, la validez de las normas morales...). *La metafísica, ahondando en estas certidumbres germinales, ha procedido a refutar tan fundamentales desviaciones.*

15. Cfr., por ejemplo: S. KRIPKE: *Naming and Necessity*. Harvard University Press, Cambridge (Mass.), 1980.
16. ARISTÓTELES: *Metafísica*, IV, 4, 1005b 35-1006a 1.

Aristóteles es el primer filósofo que hace un balance serio y completo de las ideas filosóficas desarrolladas por sus predecesores y contemporáneos. Y, al realizarlo, se topa con errores que no afectan a una verdad determinada, sino a la totalidad del conocimiento humano. Tal era el caso de algunos sofistas, que –al considerar al hombre como «medida de todas las cosas»– incurrían en el relativismo que, a su vez, desemboca en el escepticismo, en la paradójica tesis de que el hombre no puede conocer la verdad. Aristóteles –en una serie de discusiones de extraordinaria agudeza– denuncia las dificultades internas de estas teorías, que conducen a un callejón sin salida, y las negativas consecuencias prácticas en las que abocan.

Esta defensa del valor del conocimiento humano no se interrumpe en el largo proceso de desarrollo y enriquecimiento de la filosofía clásica y medieval. Cabría destacar las argumentaciones de San Agustín frente a los escépticos, a cuya pretensión de duda universal opone, entre otras certezas, la de la propia existencia del que duda: *si enim fallor, sum*[17] (fórmula que, naturalmente, tiene una significación diversa de la del *cogito* cartesiano).

Santo Tomás defiende la capacidad de conocer la verdad de las cosas que cada hombre tiene, sobre todo contra los errores de su época: logicismo, nominalismo, averroísmo, etc. Mantiene la unidad de la verdad, la distinción y armonía de la razón y la Fe. Asigna al conocimiento humano el lugar que le corresponde, tan lejos de un racionalismo exacerbado como de un fideísmo que negara el valor de la inteligencia natural. La gnoseología de Tomás de Aquino presenta, como rasgos más característicos, un realismo metafísico, en el que el ser mide al conocimiento, y un realismo antropológico, según el cual el intelecto humano alcanza la verdad de las cosas reales. Esta tradición realista pasa históricamente a segundo plano con la irrupción de la filosofía de la conciencia; pero su interna validez ha superado una prueba de siglos con profundas transformaciones culturales, hasta registrar en nuestro tiempo una fecunda renovación.

El ámbito de la gnoseología

Nos encontramos, por lo tanto, ante un ámbito de indagaciones tan interesantes como polémicas. Se trata del «estudio del co-

17. San Agustín: *De Civitate Dei*, lib. XI, cap. XXVI. Cfr. también *Soliloq.*, lib. II, cap. I; *De libero arbitrio*, lib. II, cap. III.

nocimiento», según la etimología de la voz «gnoseología». Pero conviene precisar desde qué perspectiva se va a considerar aquí el conocer. Este aspecto será justamente el de la *verdad*. Ciertamente, la entera filosofía está íntimamente relacionada con la verdad, ya que su aspiración esencial consiste en alcanzar conocimientos verdaderos acerca de la realidad. Tal es el único compromiso de la filosofía: el compromiso con la verdad, que se resuelve en un compromiso con la realidad, porque la verdad es la adecuación de la inteligencia del hombre con el ser de las cosas.

Gnoseología, psicología y lógica

El conocimiento y la verdad se pueden considerar desde diversas perspectivas. Una de ellas es la propia de la psicología, especialmente cuando estudia lo específico de la vida humana. En la psicología, justamente, se estudia el conocimiento como *praxis*, como una operación vital del hombre. Al tratar allí del conocer humano, no se excluye una cierta reflexión sobre la verdad, porque se considera cómo la inteligencia se adecúa al ser de las cosas. También la lógica se ocupa de la verdad, ya que trata –en cuanto ciencia– de las relaciones de razón, que enlazan en nuestra mente los conocimientos verdaderos que de la realidad tenemos; y –en cuanto arte– nos ofrece las reglas para proceder, en el acto de la razón, de manera fácil, ordenada y sin error.

La gnoseología como metafísica del conocimiento

Con todo, el estudio más amplio y profundo de la verdad –del conocimiento verdadero– le corresponde a la metafísica, como saber trascendental. La consideración del ser en el conocimiento tiene un carácter estrictamente trascendental, ya que se refiere –en principio– a todas las realidades en cuanto que son o pueden ser conocidas por ese ente que «es en cierta medida todas las cosas»[18]. La gnoseología estudia el ente en cuanto que se da en la mente humana por el conocimiento, es decir, en cuanto verdadero. De aquí que no constituya un estudio particular sobre el conocimiento, sino una investigación propiamente metafísica. Por lo tanto, la gnoseología debe ser considerada –junto con la ontología y la teo-

18. ARISTÓTELES: *De Anima*. III, 8, 431b 21; cfr. *ibid.*, 5, 430a 14 ss.

dicea– una de las partes principales de la metafísica. Es la teoría metafísica del conocimiento.

En la metafísica se encuadra la tarea de la gnoseología, ya que a la filosofía primera le compete la profundización de los conocimientos más básicos que se utilizan en la ciencia y en la práctica individual y social, y la defensa de esos conocimientos primeros contra los que sin razón los niegan. Efectivamente, «la metafísica es sabiduría, es decir, ciencia suprema en el orden natural; y así no puede encomendar a ninguna otra ciencia la defensa o justificación de sus propios principios. Los principios en que se apoya la metafísica son los primeros del conocer humano, bien que alcanzados en su máxima universalidad y pureza. Ninguna otra ciencia, aparte de la metafísica, puede tomarse la tarea de defender tales principios. Más aún, es la metafísica la que proporcionar a cada ciencia los principios más universales en que se apoya. Justificar sus propios principios (manifestando la evidencia de ellos y resaltando las razones contrarias) y proporcionar a las demás ciencias los principios en los que descansan, ésta es una misión que corresponde con pleno derecho a la metafísica en su calidad de ciencia suprema»[19].

La gnoseología es la metafísica de la verdad. Su estudio reposado tiene importancia teórica y relevancia vital. También –y quizá especialmente– hoy, porque nos previene contra equivocaciones de fondo, muy frecuentes en la actualidad. En muchos ambientes, se tiende a enfocar todo saber –y, sobre todo, el que trata del hombre, como en el caso de la ética– desde un punto de vista que prescinde de la realidad de las cosas y atiende sólo a las convenciones dominantes, a reacciones subjetivas o a la pura eficacia pragmática. El valor de la verdad en sí misma aparece sustituido por una concepción en la que sólo tiene sentido –si es que alguno pudiera tener– la «verdad-para-mí». Frente a esta actitud, procede recordar de nuevo al poeta contemporáneo:

> «¿Tu verdad? No, la verdad,
> y ven conmigo a buscarla.
> La tuya, guárdatela»[20].

Descubrir de nuevo el valor de la verdad equivale a reivindicar el ser como valor metafísico primario y original. Constituye, sin duda, una tarea intelectual de gran alcance y con profundas repercusiones prácticas.

19. J. García López. «Metafísica». G.E.R., t. XV, p. 634.
20. A. Machado *Proverbios y Cantares*, LXXXV.

Capítulo II

LA VERDAD Y EL CONOCIMIENTO

1. La noción de verdad

¿Qué es la verdad? Esta pregunta la han formulado, de un modo u otro, los filósofos de todos los tiempos. Bajo su aparente carácter obvio, la cuestión de la verdad encubre más de un enigma. Las respuestas que –antes y ahora[1]– se han dado a este interrogante tienen distinto valor y son aparentemente muy diversas, aunque en casi todas se halla presente un elemento común, que es justamente el descubierto por la metafísica clásica.

La verdad como adecuación

En un pasaje de sus obras, Santo Tomás se hace precisamente esa pregunta: *Quid sit veritas?* Se trata del artículo primero de la primera cuestión, perteneciente a su obra *Acerca de la verdad (De Veritate)*. Allí se propone una definición de verdad que dice así: *la verdad es la adecuación de la cosa y el entendimiento*. Esta de-

1. Sobre los planteamientos actuales acerca del problema de la verdad, Cfr. M. Dummett: *Truth and other Enigmas*. Duckworth, Londres 1978; L. B. Puntel: *Wahrheitstheorien in der neueren Philosophie*. Wissenschaftliche Buchgesellschaft, Darmstadt 1978; G. Skirbekk (Edit.): *Wahrheitstheorien*. Suhrkamp, Frankfurt [illegible]

finición tiene dos características que la hacen preferible a cualquier otra: 1) En ella se expresa formalmente la razón de lo verdadero; es decir, que en esa conformidad o adecuación de la cosa y el entendimiento se realiza lo que la verdad es en su propia esencia; 2) Se trata de una definición que comprende todos los sentidos que puede tener la verdad, que es extensiva a todos ellos. Con todo, las virtualidades de esta definición sólo se captan si se la comprende adecuadamente. Entendida de manera simplista, en cambio, queda sometida a esas críticas de las que tan frecuentemente ha sido objeto.

El concepto de verdad y el concepto de ente

Pero, ¿cómo llega Santo Tomás a esta definición? De una manera rigurosa y perfectamente congruente con los planteamientos de su metafísica realista. Parte del concepto de ente, como aquella noción que primeramente concibe el intelecto, ya que es la idea más evidente y en la cual vienen a resolverse todas sus concepciones. Pues bien, la verdad es un concepto tan amplio como el de ente, se convierte con él: *ens et verum convertuntur*. El *ente* se convierte con lo *verdadero,* porque toda realidad es –por estar determinada– cognoscible: todo ente es susceptible de ser inteligido. Sin embargo, cuando decimos «verdadero», no significamos lo mismo que cuando decimos «ente»; al afirmar que «el ente es verdadero» no hacemos una repetición inútil, una tautología. Como sucede también entre los restantes conceptos trascendentales, «verdadero» y «ente» significan la misma cosa real *(res significata),* pero la significan de diverso modo *(modus significandi).* Siguiendo –si se prefiere– la actual terminología de cuño fregeano, cabría decir que tienen la misma *referencia (Bedeutung),* pero distinto *sentido (Sinn)*[2]. La noción de verdad, en efecto, añade algo a la de ente, pero no como algo extraño a él, porque al ente no se le puede añadir nada que sea como una naturaleza ajena, ya que toda naturaleza es esencialmente ente. La verdad añade algo al ente, en cuanto que expresa una formalidad –un aspecto– que no viene expresado por la misma palabra «ente»: su interna inteligibilidad.

2. Cfr. G. FREGE *Ueber Sinn und Bedeutung.* En «Kleine Schriften». Edic. de Ignacio Angelelli, Georg Olms, Hildesheim 1967.

Así es: el concepto de verdad surge de referir el ente a un término que es justamente el intelecto. Pero nos preguntamos, ¿en razón de qué es posible referir el ente trascendental a un término preciso cual es el entendimiento? Precisamente porque *la inteligencia también es, a su modo, trascendental.* Es éste un punto capital y sumamente fecundo de la antropología aristotélica, cuya influencia recorre de punta a cabo el pensamiento occidental. El lema clave aparece, como es sabido, en el libro III del *De Anima:* «el alma es en cierto modo todas las cosas». Esto es lo que lo verdadero añade al ente: la adecuación de la cosa al entendimiento. El concepto de verdad presupone el de ente, se basa en él, está implícitamente en él contenido. Lo que de él se explicita es justo esa conformidad en la que la verdad consiste formalmente.

¿Qué es la adecuación veritativa?

¿Cómo hemos de entender esa adecuación o conformidad? Desde luego, no en un sentido material o físico. No se trata, como es claro, de que el entendimiento tenga físicamente la misma forma de la cosa conocida. Al conocer, por ejemplo, un árbol, la forma del árbol no inhiere en mí de la misma manera en que mi alma informa mi cuerpo, ni como la forma de mi cara configura un rostro que mis amigos reconocen. Cuando conozco algo, yo poseo su forma, me «conformo», me adecúo con ello, pero de un modo inmaterial, intencional.

La conformidad veritativa es una adecuación cognoscitiva. Esto es precisamente lo que parecen no entender los críticos de esta teoría clásica[3], que frecuentemente se presenta como si mantuviera que en la mente se da una «copia» o «pintura» de la cosa. Si así fuera, si se defendiera que la verdad consiste en la adecuación de una cosa externa con otra «cosa» interna, entonces necesitaríamos un tercer término en el que se reconociera la adecuación entre las dos, con lo que se abriría un proceso al infinito. Pero no es así.

Para advertirlo mejor, conviene precisar más este concepto de verdad como adecuación. «La conformación *(con-formación)* del entendimiento con la cosa entendida no es un simple «parecido» más o menos relevante. Se trata de algo mucho más profundo. Lo que se pretende expresar con este término es que el enten-

3. Cfr. DUMMETT: *Frege. Philosophy of Language*, op. cit., pp. 442 ss.

dimiento, cuando su acto goza de la propiedad de la verdad, adquiere *la misma forma* que la cosa entendida tiene ya en sí propia. Trátase, pues, de una *identificación*, por cuya virtud lo entendido y el entendimiento se hacen «intencionalmente» –según se vió en Psicología– una misma cosa; lo cual supone que el entendimiento no está preso en un único modo de ser, sino que puede hacerse, mediante las intelecciones respectivas, lo que las diferentes cosas inteligibles son. De esta suerte las diversas formas o maneras de ser no sólo informan a las entidades extramentales, sino que pueden hacerse presentes –y por lo mismo, informar– al entendimiento que las conoce; siendo indispensable para ello que éste posea una especial capacidad entitativa que le permita «salir» de sí hacia cualquier otro ser»[4].

Explicitemos lo alcanzado hasta ahora. Aunque hayamos precisado acudir a nociones metafísicas, lo dicho concuerda perfectamente con nuestra experiencia común y –por lo tanto– con el uso ordinario de las palabras «verdadero» y «falso». Si afirmo que «está lloviendo», esta frase será verdadera si efectivamente ahora llueve; si, en cambio, sostengo que «los animales hablan», afirmo algo falso, porque de hecho ningún bruto conversa con sus semejantes. Según la clásica fórmula aristotélica –a la que, desde Tarski[5], se pretende hacer de nuevo justicia– «decir de lo que es que no es, o de lo que no es que es, es falso; mientras que decir de lo que es que es, o de lo que no es que no es, es verdadero»[6]. La adecuación veritativa es una relación intencional entre entendimiento y ser, en la que el ser rige al entendimiento, y no a la inversa. *Es el entendimiento el que se conforma a la realidad de las cosas,* que no son como son porque nosotros así lo pensemos. «Se ajusta a la verdad el que piensa que lo separado está separado y que lo junto está junto, y yerra aquél cuyo pensamiento está en contradicción con las cosas. Entonces, ¿cuándo existe o no existe lo que llamamos verdadero o falso? Debemos, en efecto, considerar qué es lo que decimos. Pues tú no eres blanco porque nosotros pensemos que verdaderamente eres blanco; sino que, porque tú eres blanco, nosotros, los que lo afirmamos, nos ajustamos a la verdad»[7].

4. MILLÁN PUELLES: *Fundamentos de Filosofía*, op. cit., p. 459. Cfr. J. GARCÍA LÓPEZ: *Doctrina de Santo Tomás sobre la verdad*. Eunsa, Pamplona 1967, p. 26.
5. A. TARSKI: *The Semantic Conception of Truth* (1944). En L. LINSKY: *Semantic and Philosophy of Language*. The University of Illinois Press, Urbana 1952, pp. 14-15.
6. ARISTÓTELES: *Metafísica*, IV, 7, 1011b 26-27.
7. ARISTÓTELES: *Metafísica*, IX, 10, 1051b 3-9.

Diversos sentidos de la verdad

De lo que acabamos de señalar se desprende que la realidad, el ente, constituye el fundamento de la verdad. En este orden de fundamentación, «la entidad de la cosa precede a la razón de verdad»[8]. Al conocimiento lo llamamos «verdadero» porque manifiesta y declara el ser de las cosas *(verum est manifestativum et declarativum esse)*; y, al hacerlo, nos estamos refiriendo al efecto de esta relación de fundación. Si, en cambio, consideramos el fundamento mismo, podemos llamar «verdaderos» a los entes; en este sentido, decimos que verdadero es lo que es *(verum est id quod est)*: los entes se dicen verdaderos en cuanto que causan la verdad.

Estos dos sentidos de la verdad se añaden, por lo tanto, al de adecuación del intelecto y la cosa, que hemos venido considerando hasta ahora. Así pues, *la verdad se dice en tres sentidos fundamentales:* 1. como conformidad del entendimiento con la cosa; 2. como conocimiento verdadero; 3. como verdad de las cosas. La noción de adecuación está, por lo tanto, presente en las tres significaciones. En la primera, se considera en sí misma. En la segunda, se atiende a lo que esta adecuación causa: un conocimiento que no fuera efecto de la verdad, no sería conocimiento, ya que conocer falsamente algo equivale sencillamente a no conocerlo. Finalmente, en la tercera nos referimos a la causa de la adecuación.

Las cosas, por lo tanto, sólo se dicen verdaderas con relación al entendimiento. De aquí que *la verdad se encuentra de un modo más principal en el entendimiento que en las cosas.* Santo Tomás no vacila en obtener esta consecuencia de su definición de verdad[9].

Y, sin embargo, tal tesis puede resultarnos sorprendente, después del énfasis que hemos venido poniendo en el planteamiento realista, según el cual –en el conocimiento verdadero– es el ser el que mide a la mente, y no a la inversa. Podríamos, en efecto, objetar que, si la verdad está principalmente en el entendimiento, el juicio verdadero se seguiría de lo que nosotros pensáramos en cada caso, con lo cual incurriríamos en el error de los relativistas y escépticos: todo lo que alguien opinara sería verdadero, de manera que dos proposiciones contradictorias podrían ser verdaderas.

8. *De Veritate*, q.1, a.1.
9. *De Veritate*, q.1, a.2.

Pero la tesis mantenida no justifica en modo alguno tal objeción ni va en contra del realismo metafísico. Es perfectamente compatible sostener al mismo tiempo que –por una parte– *el ser constituye el fundamento de la verdad* y –por otra– que *la verdad se encuentra de un modo más principal en el entendimiento que en las cosas.*

Para comprender bien esto, es preciso advertir que *el concepto de verdad es análogo,* con analogía de atribución; es decir, con aquella especie de analogía que se da en un término atribuido a varios objetos con un orden de prioridad y posterioridad. Pues bien, en este tipo de predicación analógica, no es necesario que el sujeto que recibe con prioridad la atribución común sea la causa de los otros. Basta –advierte Santo Tomás[10]– con que sea el primero en el que se encuentra aquella razón común. Un ejemplo típico puede aclarar esta observación: «sano» se predica con prioridad –es decir, principalmente– del animal, pues él es propiamente el que *es* sano: en él se encuentra primeramente la razón perfecta de salud. La medicina, en cambio, es causa de la salud, pero de ella «sano» se predica con posterioridad al animal, ya que el remedio sólo se puede llamar «sano» por atribución. Otro tanto ocurre en el caso de la verdad: los entes causan la verdad, pero donde primariamente se encuentra la razón formal de la verdad es en el entendimiento.

Recordemos que el «movimiento» de la facultad cognoscitiva termina en la mente; pues, al conocer, lo conocido –en cuanto tal– se encuentra en el cognoscente. Lo verdadero, aunque esté causado y regido por los entes, se ordena al entendimiento. Causal o fundamentalmente, la verdad se encuentra en las cosas, pero formalmente (es decir, en sí misma) sólo se halla en la mente, porque una cosa no se dice «verdadera» sino por su adecuación al entendimiento. De manera que lo verdadero se encuentra en las cosas con posterioridad, y en el entendimiento con anterioridad.

La verdad según los distintos tipos de inteligencia

Esta doctrina se aclara y explicita si consideramos la verdad en relación con los distintos tipos de inteligencia, que pueden clasificarse así:

10. *Ibid.*

Inteligencia	humana	práctica (1)
		especulativa (2)
	divina (3)	

(1) *La inteligencia humana práctica* del artífice es causa del hacerse *(fieri)* de las cosas artificiales y es la medida de su verdad (pero sólo en cuanto artificiales, no en cuanto entes). En efecto: el artífice hace su obra de acuerdo con la idea ejemplar que de ella tiene en su mente; y, por lo tanto, la verdad del artefacto depende de su adecuación con ese paradigma.

(2) *La inteligencia especulativa del hombre* recibe su conocimiento de las cosas, es –en cierto modo– movida por ellas, y así las cosas la miden. En el conocimiento especulativo, la inteligencia contempla las cosas como son y, por tanto, ellas son la medida y la regla de la verdad de la inteligencia teórica humana.

(3) *La inteligencia divina* mide las cosas radicalmente, porque es el origen de toda su realidad. En ella se encuentran –como en su causa– todas las cosas creadas, de modo semejante a como todos los artefactos se hallan en la mente del artífice. Así pues, este tipo de inteligencia tiene semejanza con (1), pero se diferencia de la inteligencia práctica del hombre en que el artífice divino es la causa de todo el ser de las cosas, mientras que el artífice humano sólo es causa de su *fieri*, de su hacerse: como actúa siempre sobre una cierta materia, no es el origen del ser de la obra, sino del proceso por el que esa materia llega a adquirir su nueva forma.

Así, pues, la inteligencia divina (y su verdad) mide y no es medida (es *mensurans non mensurata*): la cosa (y su verdad) es medida por el entendimiento divino y, a su vez, mide al humano (es *mensurata et mensurans*); nuestra inteligencia es medida *(mensurata)* por las cosas naturales que conoce especulativamente; sólo es la medida *(mensura)* del hacerse de las cosas artificiales[11].

Algunas ideologías modernas y contemporáneas entienden la verdad sobre todo en el sentido de la inteligencia práctica, que además tiende a reducirse a una imagen técnica. El variado panorama de tipos de verdad, ofrecido en la concepción clásica, va perdiendo su carácter analógico, para estrecharse en un planteamiento mucho más rígido. Ya Descartes contraponía al anti-

11. *Ibid.*

guo saber una filosofía que habría de convertir al hombre en «dueño y posesor de la naturaleza». Mientras que el pensamiento clásico considera que en el conocimiento intelectual del hombre hay un elemento de pura contemplación receptiva[12] –de «oído atento al ser de las cosas», según la expresión del viejo Heráclito–, la actitud característica de la modernidad es decididamente operativa y transformadora[13]. Kant llega a afirmar que el conocimiento intelectual es un mero hacer *(ein blosses Thun)*. Y Marx mantiene que la cuestión de la verdad, si se independiza de la praxis, es trivial. En el marxismo se pretende identificar teoría y praxis: la verdad es lo que hace el hombre, en referencia al proceso histórico total. Un pragmatismo menos ambicioso pero no menos radical ha imperado, por lo demás, en buena parte del pensamiento occidental: la verdad es rendimiento, eficacia, éxito.

Ciertamente, la filosofía no siempre había concedido a la *verdad práctica* la atención que merece. Pero sólo es viable *rehabitarla* –y así se está haciendo con acierto[14]– cuando no se extrapola. Porque cuando la praxis humana se absolutiza, el valor de la verdad se disuelve[15]. La «pérdida del ser», que acontece en gran parte del pensamiento moderno y contemporáneo, conduce a una pérdida del sentido de la verdad. El auténtico sentido de la verdad viene dado por la situación de las cosas creadas con relación a Dios, que las crea, y al hombre, que las conoce. «Por eso –escribe Santo Tomás– la cosa natural, colocada entre dos inteligencias, se

12. Es un aspecto que ha sido subrayado por Josef PIEPER en muchas de sus obras.

13. En lo que tiene de afirmación, esta postura es claramente positiva: de ella derivan buena parte de los avances técnicos de los que ahora nos servimos. Lo que tiene de defectuoso es su tendencia al exclusivismo, proveniente de olvidar que la razón técnica se fundamenta en la inteligencia especulativa.

14. Cfr. M. RIEDEL (Edit.): *Rehabilitierung der praktischen Philosophie*. Rombach, Freiburg 1972.

15. «Tal posibilidad parece inminente si el giro antropo-sociológico de la filosofía va acompañado de la pérdida del sentido de la verdad y del interés del hombre por ella. Lo único que cuenta entonces son intereses y conflictos entre intereses, cuya solución queda así confiada a procesos de tipo puramente político. Si todavía se sigue hablando de verdad y de teoría, éstas quedan reducidas a la descripción de tales conflictos o al descubrimiento de intereses en la base de supuestas verdades y actitudes morales. En pocas palabras: si, en estas circunstancias, la filosofía pretende ser algo más que crítica a la ideología es que ella misma es ideología. Y si se atribuye a la palabra «ideología» un significado positivo, entonces la ideología científica que de ahí resulta, se coloca por completo al servicio de la praxis. Como es sabido, ésta es la situación de la filosofía en los países de la Europa oriental». F. INCIARTE: *El reto del positivismo lógico*. Rialp, Madrid 1974, pp 159-160.

dice verdadera en virtud de su adecuación a una y otra. Pues por la adecuación a la inteligencia divina se dice verdadera en cuanto que cumple aquello para lo que ha sido destinada por el entendimiento de Dios (...). Y por la adecuación a la inteligencia humana se dice verdadera en cuanto que está ordenada por naturaleza a que se forme una verdadera estimación de ella misma»[16], es decir, en cuanto que es cognoscible con verdad: se muestra como lo que es y no da de suyo e intrínsecamente lugar a error.

La verdad y el entendimiento humano

Desde esta perspectiva metafísica, la verdad está en el intelecto divino de manera propia y primaria *(proprie et primo)*; en el entendimiento humano, de modo propio pero secundario *(proprie et secundario)*; y, finalmente, en las cosas se encuentra de modo impropio y secundario *(improprie et secundario)*, pues sólo está en ellas por relación a las otras dos verdades[17]. En efecto: ya sabemos que la verdad se encuentra propiamente en el intelecto, así como la salud en el animal; pero es en el entendimiento divino donde primariamente se halla, porque originariamente se adecúan con él las cosas por él creadas; derivadamente –aunque también en sentido propio– posee el entendimiento humano la verdad, ya que en él acontece la razón formal de la adecuación, en la que consiste la verdad; por el contrario, en las cosas creadas sólo se encuentra por relación a ambos intelectos y, por lo tanto, sólo se puede decir de ellas por atribución.

La verdad que se dice de las cosas en comparación al entendimiento humano es en cierto modo accidental a ellas, no las constituye en lo que son[18]. El ser de las cosas no depende del conocimiento que de ellas pueda tener el hombre. Creer lo contrario sí que es una ilusión, una «alienación», en cuanto que el hombre no acepta su propia condición creatural, disloca su posición en el mundo al considerarse el centro de toda la realidad. Un subjetivis-

16. *De Veritate*, q.1, a.2.
17. *De Veritate*, q.1, a.4.
18. Desde la perspectiva de los diversos sentidos del ser, nos encontramos aquí con el *ser veritativo* –distinto del *ser propio*– que, visto desde las cosas no es sino un ser *per accidens*. Cfr. A. LLANO *Filosofía trascendental y filosofía analítica (Transformación de la metafísica)*. «Anuario Filosófico», XI, 1 y 2, 1978.

ta consecuente podría suscribir los versos de Juan Ramón Jiménez:

> Sé bien que, cuando el hacha
> de la muerte me tale,
> se vendrá abajo el firmamento[19].

Más prosaica, en cambio, es la experiencia común de que la bóveda de los cielos no cuelga, como de un hilo, de la vida de hombre alguno: todos podemos morirnos con la tranquilidad, al menos, de no provocar semejante cataclismo. La llamada «cara invisible de la luna» era tan real y verdadera antes de que la vieran los astronautas como después de que se realizara tal hazaña. Poco, muy poco, es lo que el hombre conoce, y la realidad no espera nuestros juicios para existir de formas variadas y, a las veces, sorprendentes. Poniéndonos en lo peor, suponiendo que el entendimiento humano no existiera ni pudiera existir, todavía las cosas permanecerían en su esencia.

La verdad y el entendimiento divino

En cambio, la verdad que se dice de las cosas en comparación al entendimiento divino pertenece a ellas de manera inseparable, pues no podrían subsistir sin la inteligencia divina que las produce y las constituye en lo que son. Y el hombre mismo no escapa a esta común condición creatural, por más que a veces se piense del todo autónomo y autosuficiente.

Así, pues, la tesis de que la verdad se encuentra principalmente en el entendimiento debe entenderse referida ante todo al intelecto divino. La verdad en efecto, «se da antes en la cosa por referencia al entendimiento divino que por comparación al humano, pues al entendimiento divino se compara como a su causa, mientras que al humano se compara en cierto modo como a su efecto, en cuanto que la inteligencia del hombre recibe de las cosas el saber. Así, pues, una cosa se dice verdadera de un modo más principal en orden a la verdad del entendimiento divino»[20].

La verdad de las cosas –que es «una propiedad del ser de cada cosa»[21]– y la de las inteligencias creadas es una participación de la

19. Citado por L. E. PALACIOS. en su introducción a *El realismo metódico* de E. GILSON, op. cit., p. 14.
20. *De Veritate*, q.1, a.4.
21. *Contra Gentiles*, I, cap. 60.

Verdad plena e irrestricta, del *Deus veritas*, como gustaba decir San Agustín: «Nosotros conocemos las cosas porque son, pero ellas son porque Tú las conoces». Toda verdad se reduce como a su principio a la Verdad por esencia, a Dios que es intelecto puro y verdad inteligible suprema, por ser el *Ipsum esse subsistens*[22]. El ser subsistente de Dios es absolutamente intensivo y reasume en sí todas las perfecciones trascendentales puras: es el Bien, la Unidad, la Belleza, la Verdad en posesión perfecta. Dios es Espíritu, cumplido conocimiento de sí mismo, cabal autotransparencia. En la inteligencia divina, lo entendido y el entendimiento son absolutamente lo mismo: hay perfecta adecuación –razón formal de la verdad– y, por lo tanto, es la primera y suma Verdad[23]. Dios es el origen de toda verdad, ya que es el *primer principio del ser en todas las cosas*[24]. Todas las cosas son verdaderas por la única Verdad divina. Sin embargo, se puede decir que hay muchas verdades, en cuanto que hay muchos entes que son verdaderos y también muchas inteligencias que conocen esos entes. Nuestra tarea es avanzar en el conocimiento de esas muchas verdades, para irnos acercando a la Verdad del Uno por esencia, en quien la búsqueda se aquieta.

2. LA VERDAD Y EL ENTE

Las consideraciones desarrolladas en el apartado anterior contribuyen –espero– a despejar los posibles equívocos que suscitaría una errónea comprensión de la tesis que afirma que las cosas se dicen verdaderas según una cierta relación u orden a la inteligencia, y que la verdad está en el entendimiento humano de un modo propio y más principal que en las cosas. Esta tesis se refiere a la razón formal de la verdad, pero no afecta al orden de fundamentación, según el cual la verdad está causada por las cosas.

Verdad, conocimiento y realidad

La verdad se refiere al momento en el que las cosas «mueven» a la inteligencia y la informan. La praxis cognoscitiva termi-

22. *Lectura in Evangelium Joannis*, cap. 18, lect. 6, n. 11.
23. *Contra Gentiles*, I, cap. 62.
24. *Contra Gentiles*, I, cap. 1.

na en el alma, pues es necesario que lo conocido esté en el cognoscente según el modo de ser del cognoscente (con lo cual no se mantiene ningún subjetivismo de cuño kantiano, según el cual la forma de los objetos conocidos vendría impuesta por la acción espontánea del entendimiento; se sostiene, en cambio, que lo conocido está en el cognoscente de modo inmaterial, no físico). Mientras que este proceso cognoscitivo va de las cosas a la mente, el movimiento de la facultad apetitiva tiende a las cosas mismas, porque lo que se apetece son las cosas, no en cuanto conocidas, sino en cuanto reales. Y por eso Aristóteles[25] establece como un «círculo» en los actos del alma: la cosa que está fuera del alma mueve al entendimiento, y la cosa entendida mueve al apetito, el cual se dirige hacia la cosa, en la que comenzó el movimiento[26].

De modo que se ha de mantener que la verdad es causada en el alma por la realidad y no sigue a la estimación del entendimiento, sino a la existencia de las cosas, pues por el hecho de que la cosa es o no es, se dice que es verdadero o falso nuestro entender[27]. Conocer no es aprehender una cosa tal como está en el entendimiento; sino aprehender, en el entendimiento, la cosa tal como es[28].

Cosas y objetos

El sentido realista de la definición clásica de la verdad se manifiesta también en que la explana como una adecuación del entendimiento con la *cosa (res)*, y no con el *objeto*. La terminología

25. ARISTÓTELES: *De Anima*, III, 9, 433b 26.

26. *De Veritate*, q.1, a.2. La capacidad explicativa de este modelo aristotélico se ha manifestado más claramente en nuestro siglo, cuando la Psicología y la Etología han desarrollado la idea del *círculo funcional de las vivencias (Funktionkreis)*, a partir de las concepciones de J. VON UEXKULL (*Streifzüge durch die Umwelten von Tieren und Menschen. Bedeutungslehre*. Nueva edición: Fischer, Stuttgart 1972). Se propone un circuito de retroalimentación *(feed-back)*, como modelo del círculo funcional de la vida de los organismos: la acción incide sobre el objeto, cuyas características ha captado el organismo, modificando así la significación vital del estímulo, con vistas a alcanzar un equilibrio del sistema. La posibilidad de trasponer este modelo a un sistema cibernético es patente; y las perspectivas de una conexión entre el planteamiento aristotélico y el informático, sumamente interesantes. Cfr. A. LLANO: *Para una Antropología de la objetividad*, «Estudios de Metafísica», 3, 1971-72, pp. 66-69.

27. *De Veritate*, q.1, a.2.

28. GILSON: *El realismo metódico*, op. cit., p. 153.

no es aquí indiferente. Porque «objeto» de suyo significa lo presente ante el cognoscente, lo que el sujeto tiene frente a sí *(Obiectum)*. Ser objeto de una potencia cognoscitiva no es una propiedad real de las cosas, ni significa directamente la realidad de lo conocido: apunta, más bien, a la cognoscibilidad de lo que se capta[29]. Se puede elaborar una gnoseología basada en la relación sujeto-objeto sin salir propiamente de un ámbito inmanente[30].

Porque, advirtámoslo bien, inmanentismo no equivale sin más a subjetivismo. Los idealismos más radicales han sido idealismos «objetivos» (los de Fichte, Schelling, Hegel y, a su modo, el idealismo crítico de Kant). No suelen experimentar gran empacho los idealistas en admitir que se conocen objetos, pero son del todo remisos a aceptar que se conozcan cosas, realidades que en sí mismas trascienden la relación inmanente sujeto- objeto.

Es muy significativo, al respecto, el caso de Kant[31], que se hace eco de la definición tradicional de la verdad en los siguientes términos: «La verdad, se dice, consiste en la adecuación del conocimiento con el objeto»[32]. La sustitución de «cosa» por «objeto» parece inocua, porque Kant no da todavía a esta última expresión su significado crítico, sino que la toma de manera aproblemática. Pero, en realidad, no es tan inocente. Lo cual se manifiesta en las dificultades que encuentra en la definición tradicional. Una de ellas se puede expresar así: «Piensa Kant que tal definición conduce irremisiblemente a un círculo vicioso irresoluble. En efecto, supuesta la definición de la verdad como adecuación del conocimiento con el objeto, el conocimiento será verdadero si coincide con el objeto. Pero sólo podemos comparar el conocimiento con el objeto en la medida en que éste, a su vez, nos sea conocido. De manera que, en definitiva, sólo podemos juzgar si nuestro conocimiento del objeto coincide con nuestro conocimiento del objeto»[33].

29. «El área de lo objetivado se destaca intencionalmente sobre su fundamento real, que trasciende el acto y el resultado de la objetivación. La objetividad es el *status* gnoseológico que las cosas conocidas adquieren en cuanto que son conocidas –o pueden serlo– según su realidad propia. No, es por tanto, una dimensión real. Es una dimensión intencional, que hace referencia, precisamente, a la realidad propia de las cosas. En la realidad, el objeto se identifica con la cosa conocida, pero intencionalmente se distingue de ella, porque es la presencia –siempre parcial y limitada– de esa cosa real ante el sujeto cognoscente». LLANO: *Para una Antropología de la objetividad*, op. cit., p. 95.

30. Tal es, en buena parte, el caso de N. HARTMANN: *Grundzüge einer Metaphysik der Erkenntnis*. Walter de Gruyter, Berlín 1949, 4ª edic.

31. Tengo aquí en cuenta el excelente libro de J. M. PALACIOS: *El idealismo trascendental: Teoría de la verdad*. Gredos, Madrid 1979, pp. 27 ss.

32. KANT: *Logik*, Ak, IX, 50. Cfr. *Kritik der reinen Vernunft*. A 58, B 82.

33. PALACIOS: *Idealismo trascendental*, op. cit., p. 29.

Más adelante veremos que este tipo de críticas remite a una petición de principio. Por ahora nos interesa subrayar que, desde la perspectiva de la metafísica realista, la *cosa* no se reduce al *objeto,* sino más bien al revés; porque el objeto del conocimiento es la cosa conocida según su ser fuera del cognoscente, es decir, en cuanto que subsiste en sí misma; aunque de esta cosa no haya conocimiento sino en cuanto que está en el cognoscente, así como el color de la piedra no se conoce sino por su especie o forma en el ojo. Pues, como señala Gilson, «decir que todo conocimiento es la captación de la cosa tal como ésta es, no significa, en absoluto, que el entendimiento capte la cosa tal como ésta es, sino que únicamente cuando así lo hace existe el conocimiento. Esto significa todavía menos que el entendimiento agote en un solo acto el contenido de su objeto. Lo que el conocimiento capta en el objeto es real, pero lo real es inagotable y, aun cuando llegara a discernir todos sus detalles, todavía le saldría al paso el misterio de su existencia misma»[34].

Ente y cosa

No sin intención, por consiguiente, en la definición clásica de la verdad se habla de una adecuación con la «cosa». Pero, ¿qué es *cosa?:* «No se encuentra algo dicho afirmativamente y de modo absoluto que pueda darse en todo ente, sino la esencia de él, según la cual se dice que es; y así tenemos el nombre de *cosa* que, según Avicena, difiere del de ente en que *ente* se toma del acto de ser, mientras que el nombre de cosa expresa la quididad o esencia del ente»[35]. Cosa es lo que tiene un ser perfecto y firme en la naturaleza[36]. Con el término «cosa» se designa el ente en cuanto que tiene esencia real; por lo tanto, queda también connotado el acto de ser.

El ser como fundamento de la verdad

El ente está internamente estructurado por esencia y acto de ser, como coprincipios trascendentales de la realidad concreta.

34. GILSON: *El realismo metódico,* op. cit., p. 160.
35. *De Veritate,* q.1, a.1.
36. *In II Sent.,* d.37, q.1, a.1.

Basándose en esta doctrina metafísica, Santo Tomás afirma netamente: «La verdad se funda en el ser de la cosa, más que en la misma quididad, así como el nombre de *ens* se impone a partir del *esse*»[37]. Al formular esta tesis capital, Santo Tomás nos revela el núcleo original de su gnoseología, que conlleva la superación de todo inmanentismo, y aun de todo formalismo o logicismo. El ser como acto *(actus essendi)* es el fundamento de la verdad. Y el formalismo queda trascendido desde el momento en que toda forma –tanto real como conocida– encuentra su último fundamento en el acto de ser, que no es un contenido formal, sino el acto puramente actuante de todas las determinaciones. El *actus essendi* no es una posición del sujeto, como pretende la tesis de Kant, que considera el pensar como fundamento del ser. Tampoco se reduce a la efectividad existencial, al mero hecho, correspondiente –como un *caso* particular– a una estructura lógico-formal, según la teoría de la verdad de los neopositivistas. El acto de ser constituye el principio interno de autoposición real del ente concreto, la raíz de la verdad de las cosas, y la causa y el último término de referencia de la verdad del conocimiento, ya que la verdad se da en la operación con la que la inteligencia capta el ser de la cosa *(esse rei)* tal como es.

En efecto, todo conocimiento termina en el existente, en la realidad que participa en el ser; y, así, el *esse rei* es causa de la estimación verdadera que la mente tiene de la cosa[38].

> Cabría objetar que también la verdad acontece en el cultivo de la lógica y de otros saberes formales, en los que no parece que esté presente la referencia a las cosas reales. Sin embargo, las relaciones lógicas –*secundae intentiones*– son entes de razón *cum fundamento in re:* tienen un fundamento menos próximo en las cosas, pero no carecen por completo de él. Si –como en las direcciones positivistas de la filosofía contemporánea– se propugna una «lógica sin metafísica» o un análisis del lenguaje autosuficiente, la teoría de la verdad queda abocada a dificultades que no parecen tener salida.

37. «Veritas fundatur in esse rei magis quam in quidditate sicut et nomen entis ab esse imponitur». *In I Sent.*, d.19, q.5, a.1. Cfr. *In I Sent.* d. 33, q.1, a.1, ad. 1

38. *In II Met.*, n. 298; *In De Divinis Nominibus*, c.5, n.625; *In Epistolam ad Colosenses*, lect. 4.

La razón de verdad y la razón de ente

Por tanto, la verdad se funda en el ente *(veritas supra ens fundatur)*[39]. Lo verdadero es una disposición del ente, pero no le añade naturaleza alguna, ni expresa algún modo especial del ente *(verum* es un concepto trascendental, no categorial), sino algo que se encuentra en toda realidad –la relación de conveniencia a un intelecto– y que, sin embargo, no viene expresado por el nombre de «ente». En la medida en que algo tiene entidad, en esa medida es cognoscible por el entendimiento; y, así, la razón de verdadero sigue a la razón de ente. Aunque no difieran realmente (en su *referencia)*, el ente y lo verdadero difieren conceptualmente (en su *sentido)*, porque hay algo en la razón de verdadero que no está en la razón de ente, pero no porque haya algo en la razón de ente que no esté en la razón de verdadero. De aquí que lo verdadero no sea más amplio que el ente: todo lo verdadero es, de algún modo, ente; incluso cuando lo verdadero es un ente de razón, porque también éste es –a su modo, con un ser sólo intencional– un ente[40].

«Lo inmediato y evidentísimo que sabemos de las cosas es que *son*. La noción de *ente* es lo primero que nuestro entendimiento alcanza; y que explicita su verdad en este primer juicio radical y originario: *esto es*. Sin este primer conocimiento, nada conoceríamos; y en él se resuelve –como en lo más evidente– cualquier conocimiento posterior. No hay nociones más sencillas y primarias: de ahí la dificultad para explicarla, y de ahí también que nada sea más fácil de entender»[41]. Esta primacía gnoseológica de la noción de ente es destacada muy frecuentemente por Santo Tomás: «El ente es lo primero que el intelecto concibe, como lo más conocido y aquello en lo que toda otra concepción se resuelve»[42].

La entidad, por consiguiente, es más radical que la verdad. De aquí que el ente es cognoscible por ser ente, y no es ente porque es cognoscible[43]. *Una cosa es cognoscible en tanto que está en acto;* aunque sucede que lo más cognoscible de suyo puede serlo menos para un entendimiento limitado, así como no

39. *De Veritate*, q.10, a.12, ad 3.
40. Cfr. *De Veritate*, q.1, a.1, ad 4, ad 5, ad 6, ad 7.
41. C. CARDONA *Metafísica de la opción intelectual*, Rialp, Madrid 1973, 2.ª edic., p. 28.
42. *De Veritate*, q.1, a.1.
43. *In De Generatione et Corruptione*, 1, lect. 8.

podemos mirar de hito en hito al sol, precisamente por exceso de luz[44]. Pero *la luz* es aquí algo más que una metáfora: «la actualidad de una cosa –dice Santo Tomás– es como una luz en ella»[45]. La actualidad de una cosa es su principio de realidad, lo que la hace emerger y, por lo tanto, patentizarse. De aquí que cuanto más actual es un ente, tanto más luminoso, más cognoscible es. La verdad, considerada como adecuación del intelecto con la cosa, no admite propiamente graduación: o se da, o no se da. «Pero, si se considera el ser de la cosa, que es la razón de la verdad, entonces es la misma la disposición de las cosas en el ser y en la verdad: por tanto, lo que es más ente es más verdad»[46].

El origen de la verdad

El origen fontal de la verdad es el ser. Las cosas finitas participan en el ser, por lo que igualmente participan de la verdad. No son el ser, sólo lo tienen parcialmente: tampoco son la verdad, sino que participan de ella. Todo ente creado está compuesto de potencia y acto, y es tanto menos verdadero cuanto más potencial. Solamente el Acto puro, el Ser subsistente, es la Verdad plena e irrestricta, causa última de todas las verdades. La búsqueda de la verdad se aquieta únicamente en el Ser por esencia.

«La verdad es luz del entendimiento y el mismo Dios es la regla de toda verdad»[47]. De aquí que el lenguaje humano sea iluminador cuando la expresión de conceptos se relacione de alguna manera con la Verdad primera. En efecto, lo que nuestra mente concibe puede referirse a dos diferentes principios: a Dios, que es la Verdad primera, por ser el origen de la verdad de todas las cosas, por él creadas; y a la voluntad del que intelige, de la que no proviene el orden de las cosas reales. La manifestación lingüística de la estructura de la realidad es, a la vez, *locución* e *iluminación*. En cambio, la manifestación lingüística de mis preferencias o deseos es sólo *locución*. Cuando por ejemplo, dice un hombre a otro «el hombre es racional», declara algo verdadero porque manifiesta una realidad que se funda, en último término, en la Verdad

44. Cfr. *Suma Teológica*, I, q.12, a.1.
45. *In De Causis*, lect. 6, n. 168.
46. *De Caritate*, q.1, a.9, ad 1.
47. *Suma Teológica*, I, q.107, a.2.

suprema, ya que se refiere a la estructura de la realidad. Pero el lenguaje del hombre puede depender también en algunos casos de la humana voluntad; como cuando un hombre dice a otro: «Quiero hacer esto o aquello»[48]. En tal caso, la locución no hace de suyo referencia a la Verdad primera, de la que depende que las cosas sean como son, sino a la voluntad humana, de la que no depende que las cosas sean como son; y por lo tanto no es directamente iluminadora de la realidad. Por este motivo, y a pesar de lo que muchos creen, las opiniones de los hombres no son fuente clara de verdad. «La razón de esta diversidad está en que la voluntad creada no es luz del entendimiento ni regla de verdad sino participante de la luz; y, por tanto, manifestar las cosas que dependen de la voluntad creada, en cuanto tales, no es iluminar»[49]. Para avanzar en el conocimiento de la verdad, debemos esforzarnos en captar mejor la realidad de las cosas, y no simplemente en estar más informados de lo que opinan unos y otros: la simple erudición, la mera información, dista mucho de la auténtica sabiduría. Cuando esto se olvida, cabe preguntarse:

> ¿Dónde está la sabiduría
> que se nos ha perdido en conocimiento?
> ¿Dónde está el conocimiento
> que se nos ha perdido en información?[50].

Santo Tomás lo expresa en una sentencia digna de detenida reflexión: «El estudio de la filosofía no se ordena a saber qué pensaron los hombres, sino a conocer cuál es la verdad de las cosas»[51].

3. La verdad en el conocimiento

Verdad lógica y verdad ontológica

Sabemos ya que *la verdad –formalmente considerada– consiste en la adecuación del sujeto cognoscente con la cosa conoci-*

48. En términos de la actual filosofía analítica, se diría que la dimensión *pragmática* prima en esta frase sobre la dimensión *semántica*.
49. *Suma Teológica*, I, q.107, a.2
50. Where is the wisdom we have lost in knowledge? Where is the knowledge we have lost in information? T. S. Eliot: *Choruses from «The Rock»*, I. Cit. por R. T. Caldera: *Educación general y Filosofía*. Nueva Política, Caracas 1978, p. 33.
51. *In De Coelo et Mundo*, I, lect. 22.

da. Se trata ahora de indagar en qué operación o nivel de conocimiento acontece cumplidamente la verdad.

Una consideración previa resulta imprescindible: *la verdad no es una adecuación cualquiera, sino que esencialmente es una adecuación conocida.* Por ejemplo, la adecuación que mi imagen en el espejo tiene con mi rostro no es una conformidad veritativa, porque no es conocida por el espejo, sino simplemente tenida por él. De semejante suerte, yo puedo tener en mi mente una imagen o un concepto adecuados a una determinada cosa, pero sólo habrá verdad propiamente dicha si yo conozco la respectiva adecuación en cuanto tal. A esta verdad en sentido estricto se la suele llamar *verdad lógica* o *formal.* Con ello no se quiere indicar que tenga lugar sólo o preferentemente en el seno de esa disciplina a la que se llama «lógica». Se pretende significar, más bien, que es una verdad correspondiente al *logos;* es decir, que conviene, de una manera propia, al conocimiento (y, más en concreto, al conocimiento humano). De ella se distingue la *verdad ontológica* o *material,* que viene a corresponder a lo que hasta ahora hemos llamado *verdad de las cosas* o *verdad de los entes.* Así que «la *verdad ontológica* es una propiedad del ente, y por lo mismo, algo que todo ente tiene en cuanto constituye, por su propio carácter entitativo, algo *inteligible.* La verdad *lógica,* la del conocimiento, corresponde, en cambio, a una sola clase de entidades, las mismas *intelecciones* reales que tienen por objeto lo que las cosas son»[52]. En el apartado anterior hemos tratado sobre todo de la *verdad ontológica.* La cuestión ahora suscitada se refiere, en cambio, a la *verdad lógica.*

La verdad lógica no se da en el conocimiento sensible

La verdad estricta y formalmente considerada –la «verdad lógica»– no se da en el conocimiento sensible. Naturalmente, con esto no se pretende decir que nuestros sentidos nos engañen, o que la sensación no corresponda a la cosa sensiblemente conocida. Se quiere indicar que la adecuación que acontece en los sentidos no tiene carácter veritativo, precisamente porque no es cognoscitivamente poseída como tal. Poseer la verdad equivale a conocer la adecuación; pues bien, el sentido no la conoce en modo alguno, porque, aunque la vista tiene la semejanza de lo visto,

52. MILLÁN PUELLES *Fundamentos de Filosofía,* op. cit., p. 458.

no conoce la comparación que hay entre la cosa vista y lo que ella percibe[53]. En toda sensación hay conciencia de sentir, pero –como la potencia sensible no es reflexiva– ello no equivale a conocer la adecuación entre la cosa y lo que de ella se ha captado.

La verdad lógica no se da en la simple aprehensión

El entendimiento, en cambio, puede conocer su conformidad con la cosa entendida. Pero *esta adecuación no la capta en el nivel de la primera operación de la mente o «simple aprehensión»*, por la que conoce la esencia o quididad de la cosa, al formar el correspondiente concepto. Ya Aristóteles lo había advertido con su característica concisión: «Lo verdadero y lo falso no están en las cosas, sino en la mente; pero tratándose de la aprehensión de lo simple o de la definición, tampoco están en la mente»[54].

La razón que se debe dar para fundamentar esta tesis es similar a la aducida en el caso de las sensaciones: la adecuación entre el concepto y lo representado por él no es formal y explícitamente conocida por la simple operación mental con la que se forma y se conoce el concepto. Si, por ejemplo, pienso en lo que significa «rojo», no cabe duda de que hay en mi mente una conformación actual con el objeto de ese concepto y, en último término, con aquello mismo de que ha sido extraído: valga por caso, esta rosa concreta que ahora veo. Pero tener el concepto de lo rojo no es conocer formalmente su adecuación con una cosa real como, por ejemplo, esta rosa[55].

El concepto es una especie representativa simple, no compleja. Cuando se entiende o se dice algo incomplejo, lo simple que se capta no es –de suyo– ni adecuado ni desigual con la cosa, ya que la igualdad o desigualdad se dicen por comparación, y lo incomplejo no contiene en sí ninguna comparación o aplicación a la cosa. De aquí que no pueda decirse que un concepto sea propiamente verdadero o falso. Esto solamente se puede afirmar de lo complejo, en lo que se designa la comparación de lo simple a la cosa, por medio de la representación de la composición o la división[56]. Ahora bien, la intelección simple, al conocer *lo que*

53. *Suma Teológica*, I, q.16, a.3.
54. ARISTÓTELES: *Metafísica*, V, 4, 1027b 25-28.
55. MILLÁN PUELLES *Fundamentos de Filosofía*, op. cit., p. 460.
56. Cfr. *Contra Gentiles*, lib. I, cap. 59.

una cosa es (quod quid est), aprehende la esencia de la cosa en una cierta comparación con la cosa misma, pues la capta como la quididad de esta cosa determinada, y no de otra. Y por eso se debe precisar que, aunque el concepto no sea de suyo verdadero o falso, sin embargo el entendimiento que aprehende *lo que una cosa es* se dice que de suyo es siempre verdadero, aunque accidentalmente pueda ser falso (porque, por simple que sea en sí mismo un concepto, siempre incluye alguna complejidad de notas que pueden no concordar entre sí).

En definitiva, en el conocimiento sensible y en la simple aprehensión hay adecuación entre la potencia cognoscitiva y la cosa. La inteligencia conoce esta adecuación de modo implícito en la simple aprehensión, y de modo explícito en el juicio. Veamos ahora esto último.

La verdad lógica se da en el juicio

Así como la verdad –formalmente considerada– se encuentra de modo más principal en el entendimiento que en las cosas, así también se halla más principalmente en el entendimiento que juzga, componiendo la proposición, que en el acto por el que el entendimiento –formando conceptos– conoce las esencias de las cosas. El entendimiento puede ser verdadero o falso, en sentido estricto, cuando *juzga* de la cosa aprehendida. Y por eso *la verdad se encuentra con prioridad en la composición y división del entendimiento, es decir, en el juicio;* mientras que secundariamente y con posterioridad se dice verdadero el entendimiento que forma los conceptos[57].

La verdad es la conformidad del cognoscente en acto con lo conocido en acto. Pues bien, en el nivel de la simple aprehensión, el entendimiento todavía no se encuentra en acto con respecto al conocimiento cabal del *ser* de la cosa. Esta completa actualización sólo acontece en el juicio. Como ha señalado Hoenen, la diferencia entre estas dos operaciones de la mente consiste, bajo esta perspectiva, en lo siguiente: «durante la aprehensión el espíritu no sabe aún que el contenido de su representación es conforme (o no) con la realidad, la *res;* cuando juzga lo sabe»[58].

57. *De Veritate*, q.1, a.3.
58. HOENEN: *La Théorie du jugement d'après St. Thomas d'Aquin.* Analecta Gregoriana, Roma 1953, 2.ª edic., p. 9.

El entendimiento –a diferencia de los sentidos– puede conocer su conformidad con la cosa inteligible; pero no la percibe cuando conoce la esencia de las cosas, sino cuando juzga que la cosa es tal como realmente *es* la forma de la cosa que aprehende. Es entonces cuando conoce y dice lo verdadero. Y esto lo hace el entendimiento que compone y divide, pues lo que se hace en toda proposición es aplicar o separar de alguna cosa, significada por el sujeto, la forma significada por el predicado[59].

En el juicio aparece algo nuevo y decisivo: *la referencia al ser real de la cosa.* (Referencia que incluso se da –aunque sea de modo indirecto o remoto– en los juicios sobre entidades ficticias). En la proposición hay una comparación de lo aprehendido con la cosa, ya que la proposición afirma (o niega) que la cosa tiene realmente (en el orden del ser) aquella forma que se le atribuye en el predicado. En el juicio se vuelve sobre la simple aprehensión y lo que había sido captado como algo uno *(per modum unius),* en una aprehensión sintética, se analiza, distinguiéndose los aspectos diversos con conceptos distintos, que se procuran sintetizar de acuerdo con la composición que, en la cosa misma, hay entre sujeto y forma.

El juicio incluye la construcción de una proposición, el conocimiento de la conveniencia entre los términos *in re,* y el asentimiento. La fuerza asertiva refiere el contenido proposicional a la realidad, confiriéndole relevancia veritativa. El juicio conlleva un «compromiso ontológico», una declaración acerca de la realidad de las cosas: por eso –en principio– ha de ser verdadero o falso.

En la simple aprehensión, la mente humana tiene la similitud de la cosa conocida, pero no lo sabe aún; mientras que en el juicio «no solo tiene la similitud de la cosa, sino que también *reflexiona* sobre esa misma similitud, conociéndola y juzgando sobre ella»[60]. En este juicio, que se refiere a una aprehensión simple, el cognoscente ha adquirido un conocimiento acabado sobre el contenido real de la aprehensión; ya sabe que, en ese concepto, poseía una similitud de la cosa, conociendo tal adecuación: sabe ahora que lo que conocía era la cosa. Y ha adquirido esa mayor intensidad de

59. *Suma Teológica,* I, q.16, a.2.

60. «In hac sola secunda operatione intellectus est veritas et falsitas, secundum quam non solum intellectus habet similitudinem rei intellectae, sed etiam super ipsam similitudinem reflectitur, cognoscendo et diiudicando ipsam». *In VI Met.,* lect. 4, n. 1236.

conocimiento por medio de una *reflexión* sobre el acto en el que se conoce un contenido real[61].

La dimensión reflexiva de la verdad

Por lo tanto, la teoría realista de la verdad no se atiene sólo al modelo de adecuación, sino que incluye una imprescindible dimensión reflexiva. Advirtamos, con todo, que esta dimensión reflexiva implícita –esencial para la verdad formal– se encuentra en todo juicio. Por lo tanto, para captar la verdad no es necesario un ulterior juicio explícitamente reflexivo (una especie de reflexión representativa) sobre la primera reflexión. Por ejemplo, cuando digo «este papel es blanco», ya sé que es verdad lo que digo. No es preciso que formule una suerte de metaproposición del tipo «'el papel es blanco' es verdad» o «sé que 'el papel es blanco'». Si la verdad de un juicio se captase sólo en otro juicio reflexivo, se daría un proceso al infinito, en el que se perdería la verdad y –por supuesto– la realidad de las cosas. Algo así, por cierto, acontece en muchas versiones de la *filosofía trascendental* o *crítica,* en las que se dispara un proceso reflexivo reiterado que –al cabo– no conduce a nada. Las «curas» positivistas de este girar en vacío de la reflexión también parten de la ignorancia de esta *reflexividad originaria*[62].

Estas dos dimensiones esenciales de la verdad formal (o lógica) –la adecuación y la reflexión– se encuentran perfectamente conjugadas en un espléndido texto del *De Veritate,* cuya atenta lectura descalifica las acusaciones de «realismo tosco», que superficialmente lanzan algunos sobre una teoría cuya riqueza desconocen. Este es el texto: «La verdad sigue a la operación del entendimiento en tanto que el juicio de éste se refiere a la cosa tal como ella es; pero la verdad es conocida por el entendimiento en tanto que éste reflexiona sobre su propio acto; mas no sólo en tanto que conoce su acto, sino en tanto que conoce su adecuación a la cosa, la cual a su vez no puede ser conocida si no se conoce la naturaleza del propio acto. Y, por su parte, esta última no puede ser conocida si no se conoce la naturaleza del principio activo, que es el propio entendimiento, a cuya naturaleza le compete conformarse

61. Cfr. HOENEN: op. cit., p. 5.

62. A. MILLÁN PUELLES: *La estructura de la subjetividad.* Rialp, Madrid 1967, pp. 346-363.

a las cosas. Luego el entendimiento conoce la verdad en cuanto que reflexiona sobre sí mismo»[63].

Así pues, el conocimiento verdadero, que en el juicio acabadamente se alcanza, conlleva una vuelta del entendimiento sobre sí mismo, una *reditio.* La base metafísica de esta doctrina la aduce también Tomás de Aquino: «La razón de esto es que las cosas más perfectas, como son las sustancias intelectuales, retornan sobre su esencia con un retorno completo *(reditione completa);* pues por el hecho de que conocen algo puesto fuera de ellas, salen de algún modo fuera de sí mismas; pero en cuanto conocen que conocen, ya empiezan a volver sobre sí, porque el acto de conocimiento es intermedio entre el cognoscente y lo conocido; y este retorno se consuma en tanto que conocen sus propias esencias»[64].

Por esta reflexión que hay en todo juicio se conoce la verdad. La inteligencia vuelve sobre sí misma y, en esa *reditio,* reflexiona sobre su acto, no sólo en el sentido de que tiene conciencia de él, sino también en el sentido de que conoce la proporción del acto cognoscitivo a la cosa, lo cual implica conocer la naturaleza del entendimiento y del conocer mismo, que consiste en conformarse a las cosas.

Esta teoría de la verdad rima perfectamente con una concepción antropológica en la que se mantiene que, propiamente hablando, no conocen el sentido o el intelecto, sino el hombre a través de ambas facultades[65]. En efecto, el conocimiento de la proporción de nuestras ideas a la cosa, que ocurre en el juicio, sólo es posible si tenemos un cierto conocimiento intelectual de las cosas singulares y si hay, por tanto, continuidad *(continuatio)* entre el conocimiento intelectual y el sensible.

Esto no supone que el juicio necesariamente deba verificarse (o «falsarse») sensiblemente, en el sentido moderno de *verificación experimental* (Como veremos más adelante, la adopción del modelo verificacionista excluye la admisión de la verdad como valor gnoseológico primario). La experiencia sensible, en el sentido de las modernas ciencias «positivas», no suele ser la percepción completa (sensible-intelectual) de la cosa singular, sino la acumulación de datos que responden a sensaciones aisladas, en cierto modo abstractas. Por el raciocinio se obtienen muchos juicios singulares no experimentales. En tales casos, no podemos tener una sensación de la realidad a la que se llega, ya

63. *De Veritate,* q.1, a.9.

64. *Ibid.*

65. «Non enim, proprie loquendo, sensus aut intellectus cognoscit, sed homo per utrumque». *De Veritate,* q.2, a.6, ad 3.

sea por el poco alcance de los sentidos humanos, ya sea porque se trata de realidades espirituales, como sucede con la demostración de la existencia de Dios. Es posible el progreso en el conocimiento de las realidades incorpóreas, aunque de ellas mismas no haya experiencia, porque tenemos el recurso de volver a la experiencia de las realidades corpóreas, de las que hemos partido para conocerlas.

Adecuación y reflexión en las teorías contemporáneas de la verdad

Señalemos, por último, que la filosofía contemporánea –en la que se registra un renovado interés por el tema de la verdad– no siempre ha conseguido articular la dimensión de adecuación con la de reflexión. Es más, con frecuencia se ha producido el olvido de uno de esos aspectos esenciales de la verdad, con la consiguiente absolutización del otro aspecto. A su vez, cada una de las dimensiones extrapoladas no puede mantenerse, porque sólo pueden darse en su mutua articulación.

Como acabamos de ver, en la gnoseología clásica el modelo de reflexión tiene en su base el modelo de adecuación. Sólo acontece formalmente la adecuación en aquel acto de conocimiento –el juicio– en el que el entendimiento se compara reflexivamente con la realidad conocida.

La filosofía lógico-lingüística y la hermenéutica existencial o dialéctica, en cambio, casi nunca han acertado a conjugar el modelo de reflexión con el modelo de adecuación[66]. Por ejemplo, el positivismo lógico extrapoló el modelo de correspondencia, con exclusión de los aspectos reflexivos. Como reacción, el análisis del lenguaje ordinario y la hermenéutica se han inclinado a destacar la dimensión reflexiva y pragmática, con el riesgo de volatilización de la verdad como adecuación. (La petición de principio resultante aparece también en las propuestas de concebir la verdad como *coherencia).*

Es muy característica del actual momento cultural esta oscilación entre el positivismo cientificista y el subjetivismo antropocéntrico. Lo que desde ambas perspectivas se pierde de vista es la capacidad que el hombre tiene de *conocer* la verdad objetiva en

66. Cfr. F. INCIARTE: *El problema de la verdad en la filosofía actual y en Santo Tomás.* En «Veritas et Sapientia». Eunsa, Pamplona 1975, pp. 41-60.

toda su amplitud[67]. Con una metafísica inexistente o insuficiente, se torna inaccesible la articulación del conocimiento con el ser. Es una visión truncada del ser la que está en la base de unas concepciones gnoseológicas en las que el gran ausente es el conocimiento mismo. La más reciente recuperación del sentido de ciertas nociones ontológicas y gnoseológicas –especialmente por parte de algunas orientaciones de la fenomenología y el análisis lingüístico– anuncia un nuevo y prometedor tratamiento del viejo problema de la verdad, en el que se acojan todas sus dimensiones esenciales.

67. Esta capacidad ha sido reivindicada recientemente por J. SEIFERT: *Erkenntnis objektiver Wahrheit*, op. cit.

CAPÍTULO III

CERTEZA Y EVIDENCIA

Pasamos ahora a estudiar los diversos estados en los que la mente se encuentra con respecto a la verdad. Se trata, por lo tanto, de examinar el aspecto subjetivo de la aprehensión cognoscitiva del ser.

Fuerza asertiva y contenido proposicional

En el capítulo anterior, se ha considerado que la verdad se da de modo estricto y acabado en el juicio. Pues bien, una de las dimensiones esenciales del juicio es el *asentimiento*: al juzgar, la mente se adhiere a la proposición en la que el juicio se expresa. Un mismo *contenido proposicional* puede estar dotado de diferente *fuerza asertiva*. Consideremos, por ejemplo, la diferencia existente entre estas frases: «¡Aprobaste el examen!»; «¿aprobaste el examen?»; «creo que aprobaste el examen»; «¡ojalá hayas aprobado el examen!»; etc.[1]. Como advierte Santo Tomás, «se deben considerar dos actos de la razón: uno por el que se aprehende la

1. La distinción entre fuerza asertiva y contenido proposicional, como ingredientes del significado, ha sido examinada con detalle por algunos analíticos actuales. Había sido ya propuesta por G. FREGE en su primer libro: Cfr. *Conceptografía*. Trad. de H. Padilla. UNAM, México 1972, pp. 13-14. Se puede considerar esta distinción analítica como la versión lingüística de la distinción clásica, que tiene un carácter más amplio.

verdad sobre algo (...); y el otro es el acto por el que la razón asiente a aquello que aprehende»[2].

El asentimiento se inscribe en la dimensión reflexiva de la verdad. A veces es inevitable: es el caso en el que la proposición es evidente, por su claridad propia, como sucede con los primeros principios. Pero hay otras ocasiones en las que la proposición no es de suyo evidente, ya que la relación entre el sujeto y el predicado no aparece claramente; entonces, puede darse el asentimiento, pero puede también rehusarse o, al menos, suspenderse[3]. De estas diversas tesituras del asentimiento ante el contenido proposicional provienen, justamente, los *diversos estados de la mente ante la verdad:* la *certeza,* la *duda,* la *opinión* y la *fe.* Se produce, en cambio, el *error* cuando se asiente a una proposición que no es conforme con la realidad.

1. La certeza

La certeza es el estado de la mente que se adhiere firmemente y sin ningún temor a una verdad. Primariamente, la certeza es algo subjetivo, un estado de la inteligencia en la que se juzga firmemente, por remoción del temor de que sea verdadero lo contrario de aquello a lo que se asiente. De una manera secundaria –por analogía de atribución– puede llamarse también «certeza» a la evidencia objetiva que fundamenta la certeza como estado de la mente. De esta manera, hablamos de un «hecho cierto», porque es evidente que se da, o de una «declaración incierta», porque es notorio que realmente no acaece lo que en ella se sostiene.

Certeza y evidencia

La *evidencia* es *la presencia de una realidad como inequívoca y claramente dada:* el hecho de que lo conocido se halle ante el cognoscente en su misma realidad, de que esté presente la realidad misma. De esta suerte, la *certeza* es, por decirlo en términos de Husserl, la «vivencia de la evidencia» *(Evidenzerlebnis)*[4]. La

2. *Suma Teológica.* I-II, q.17, a.6.
3. Cfr. J. de Tonquedec: *La critique de la connaissance.* Lethielleux, París 1961, 3.ª edic., p. 196.
4. Cfr. A. Millán Puelles: *La estructura de la subjetividad,* op. cit., p. 29.

evidencia constituye el único fundamento suficiente de la certeza (salvo, como veremos, en el caso de la fe). Así como la verdad se basa en el ser de la cosa, la conciencia de la posesión de la verdad se basa en la patencia objetiva de la realidad. El establecimiento de un supuesto fundamento de carácter subjetivo para la certeza incurriría en un círculo vicioso, como es el caso del criterio cartesiano de la *claridad y distinción* de las ideas.

Certeza y verdad

De lo dicho se sigue que *la certeza no es lo mismo que la verdad,* aunque se trate de nociones estrechamente conectadas. Mientras que la verdad es la conformidad del entendimiento con la cosa, la certeza es un estado del espíritu que, en condiciones normales, procede de hallarse en la verdad, de *saber*. La certeza es una situación del sujeto –una seguridad– y, por eso, pueden intervenir en ella diversos factores; por ejemplo, la voluntad libre puede imperar el asentimiento o el disentimiento a verdades que no son de suyo evidentes. Esto último abre la posibilidad de que, a veces, estemos subjetivamente convencidos de cosas que son falsas. Pero a esta persuasión no procede denominarla «certeza», porque el *estar cierto*, en sentido propio, tiene un fundamento objetivo, del que carece –por firme que sea– la adhesión a lo falso, es decir, el error; se trataría, en todo caso, de una *certeza meramente subjetiva.*

Por lo tanto, decimos que se da propiamente *certeza* cuando el entendimiento se adhiere a una proposición verdadera. En algunos casos, el entendimiento es movido a asentir *inmediatamente* por el objeto inteligible. Es notorio que sucede así en el caso de la intelección de los primeros principios, que recaban para sí del intelecto una adhesión firme e incondicionada[5]. El asentir o disentir es, en tales ocasiones, algo natural, que –en principio– se sustrae a nuestro imperio[6]. Tal certidumbre proviene de la evidencia objetiva: brota inmediatamente y sin necesidad de discurrir de la neta patencia de esas cosas a las que –por atribución– llamamos también «ciertas»[7]. El principio de contradicción –«el

5. *De Veritate*, q.14, a.1.
6. Cfr. *Suma Teológica*, I-II, q.17, a.6.
7. Cfr. *In III Sent.*, d.23, q.2, a.2, sol.3.

ente no es el no-ente»– es la primera verdad que surge en nuestro conocimiento de la realidad: es el conocimiento humano más cierto y la causa de la certeza de los demás conocimientos, que por él se iluminan[8].

Pero esta certeza recabada inmediatamente por el objeto no sólo se da en el caso de los primeros principios, sino también –de otra forma– cuando tenemos la certeza experimental de captar con los sentidos un hecho que, por lo tanto, también es conocido inmediatamente por la inteligencia[9]. Es más, incluso los primeros principios no son innatos, sino que surgen por inducción *(epagogé)* de estas certezas sensibles. Como dice Aristóteles, no proceden deductivamente de otros conocimientos intelectuales más universales y notorios que ellos: vienen únicamente de la sensación[10].

Evidencia «quoad se» y evidencia «quoad nos»

Estas certezas, que inmediatamente proceden del objeto conocido, se tienen de toda proposición en la que el predicado está incluido en el sujeto y en muchos juicios de experiencia. Estas proposiciones son por sí mismas evidentes *(per se notae)*. En efecto: se llama «evidente» a todo enunciado en el que, una vez conocido el significado de los términos, se conoce el valor de la proposición. Por ejemplo, sabido lo que significa «todo» y «parte», inmediatamente se sabe que el todo es mayor que cualquiera de sus partes.

Pero conviene realizar al respecto una importante distinción entre lo que es de suyo evidente *(per se notum quoad se)* y lo que es además evidente para nosotros *(per se notum quoad nos)*[11]. Especial relevancia metafísica tiene la aplicación de esta distinción a la proposición «Dios existe». En sí misma *(quoad se)* es evidente, porque en ella el predicado se identifica con el sujeto, ya que Dios es su mismo ser. Pero con respecto a nosotros *(quoad nos)*, que no sabemos qué es Dios, que no tenemos un conocimiento cabal de

8. *In Post. Analyt.*, II, lect. 20.
9. *In III Sent.*, d.14, q.1, a.3, sol.5.
10. ARISTÓTELES *Analyt. Post.*, II, 19, 100a 10-14.
11. M. DUMMETT ha subrayado recientemente la importancia de esta distinción tomista. La relaciona –acertadamente, a mi juicio– con la distinción entre necesidad real y necesidad epistemológica: el enunciado «Dios existe» es ontológicamente necesario, pero no lo es epistemológicamente. Cfr. *Frege. Philosophy of Language*, op. cit., pp. 117-120.

su esencia, no es evidente. La existencia de Dios, por lo tanto, necesita ser demostrada por medio de cosas más evidentes para nosotros, aunque por su naturaleza lo sean menos, es decir, por sus efectos[12]. Se trata, entonces, de una evidencia mediata, obtenida por demostración.

Esta suerte de evidencia que estamos examinando –la inmediata– se impone en principio por sí misma, fuerza de algún modo a la inteligencia a asentir. Pero acontece también que el hombre, por su libertad, puede incluso intentar resistirse a esta inmediata patencia; puede decidir suspender el juicio, dudar, hasta de los primeros principios del intelecto y de las evidencias sensibles; le cabe, en suma, proponerse dudar de todo. Tal es el intento cartesiano, cuya *duda metódica* aspira a ser *universal* y, desde luego, tiene que ser voluntariamente decidida: se *quiere* dudar de todo. Otra cosa es que pueda realmente lograrse esa supuesta duda universal.

Señalemos también que las cosas son tanto más evidentes y cognoscibles en sí mismas cuanto menos potenciales y más actuales sean; y, en último término, cuanto más intensamente posean el acto de ser, que es como *una cierta luz de las mismas cosas*[13]. (Aunque la luz intensa ciega nuestra mirada y nos resultan más ciertas cosas que de suyo son menos evidentes). El discurso filosófico consiste precisamente en ese progreso del conocimiento que va desde lo más evidente *quoad nos* a lo más evidente *quoad se*.

La evidencia mediata

Hay casos en los que el asentimiento de la mente es requerido por un objeto que no es conocido por sí mismo, inmediatamente, sino *por medio de otro (per aliud notum)*. Es lo que sucede con las conclusiones de la *ciencia*[14]. Acaece, entonces, que la certeza de la

12. *Suma Teológica*, I, q.2, a.1.
13. «Ipsa actualitas rei est quoddam lumen ipsius». *In De Causis*, prop. 6, n. 168.
14. *De Veritate*, q.14, a.1; *Suma Teológica*, II-II, q.1, a.4. «Naturalmente, el conocimiento de las verdades inmediatas es la causa del conocimiento de las verdades *per aliud notae*, pues lo que es *per aliud* ha de tener como primer principio lo que es *per se*, y lo contrario supondría una cadena sin fin de conocimientos causados por otros. El principio de la ciencia no se deja aplazado al término de una línea infinita ni se disuelve en un círculo de demostraciones recíprocas (...), sino que se remite al firme conocimiento del ente, y de las verdades evidentes acerca del ente, y de sus géneros. La certeza de las demostraciones no es más que una certeza participada, causada por la certeza más intensa del conocimiento de los principios». J. J. SANGUINETI: *La Filosofía de la ciencia según Santo Tomás*. Eunsa, Pamplona 1977, pp. 236-287.

inteligencia se produce en virtud de que la conclusión se resuelve, por medio del razonamiento, en unas premisas que ya son conocidas (porque son evidentes por sí mismas o porque, a su vez, se han demostrado). Tal es el caso de las conclusiones más lejanas de la metafísica, de los teoremas matemáticos y de muchos conocimientos de las ciencias de la naturaleza y del hombre. La evidencia de tales proposiciones es objetiva, propia de la verdad misma que se contempla[15]. Pero no se trata de una evidencia *per se* e inmediata, sino de una evidencia que se remite a otros conocimientos, por lo cual debe considerarse como una evidencia *mediata.*

Graduación de la certeza

Claro aparece que, en este campo de las conclusiones, la certeza puede ser mayor o menor. Ya Aristóteles advertía que «no debemos buscar el mismo grado de certeza en todas las cosas»[16]. Tan absurdo sería, por ejemplo, pedirle al político que en sus discursos procediera a golpe de demostraciones matemáticas, como contentarse con que el geómetra usara de la persuasión. La índole de certeza que se puede esperar depende de la materia que se estudia. Y, así, «en materias contingentes –como son los hechos físicos y las acciones humanas– basta la certeza de que algo es verdadero en la mayoría de los casos, aunque falle en unos pocos»[17].

> Es propio de la interpretación racionalista de la ciencia el exigir el mismo grado de certeza –completo– para todos los saberes. Es el ideal de un saber omnicomprensivo, basado en un único método, en el que se fundaría toda certeza. Para los racionalistas, el área de los conocimientos ciertos se destaca limpiamente del campo de lo dubitable: está nítidamente delimita-

15. «*El conocimiento de la verdad de un juicio sólo se puede dar en ese mismo juicio y no en otro acto de juzgar.* Lo cual no quiere decir que todo juicio sea inmediatamente conocido como verdadero, aunque también los hay de esta índole y aunque, además, es indispensable que los haya para que pueda haber demostración. Pero el juicio mediato o demostrado no es algo cuya verdad sea conocida en la ejecución de otro juicio, sino en él mismo en cuanto demostrado. La demostración es lo que lo da a conocer como verdadero, pero lo hace precisamente «haciendo hacerlo», imponiendo su ejecución, y es en ésta, a título de obligada –como exigida o impuesta por aquélla– donde se conoce la verdad del juicio mediato». MILLÁN PUELLES: *La estructura de la subjetividad*, op. cit., pp. 350-351.
16. ARISTÓTELES: *Etica a Nicómaco*, I, 1094b 13.
17. *Suma Teológica*, I-II, q.96, a.1, ad.3.

da por la frontera de la aplicación *del método científico*. La filosofía clásica, en cambio, admite una variedad de *métodos científicos*, adecuados a los diversos tipos de objetos que se estudian. No pretende alcanzar el mismo tipo de certeza en todos los saberes. Advierte que, en muchos campos, no reina la «claridad y distinción» de una evidencia puramente formal, sino que es preciso moverse en un «claroscuro intelectual», que se pretende aclarar progresivamente, pero, en todo caso, sin desconocer los límites de la inteligencia humana y sin hacer coincidir arbitrariamente esos límites con los de *la ciencia*, unilateral y unívocamente concebida.

En los fenómenos físicos, la contingencia –a la que antes aludíamos– proviene de la materia, que es principio de individuación numérica y hace que los diversos casos no sean exactamente iguales. Además, intervienen muchas causas variables o no bien conocidas en cualquier evento natural. De ahí que muchas veces los conocimientos físicos tengan, junto a puntos seguros, otros en estado de hipótesis, probabilidad u opinión. La incertidumbre proviene aquí de la transmutabilidad de la materia sensible[18].

No todo en la naturaleza se produce necesariamente[19]. Frente al determinismo físico, es preciso reconocer en el mundo natural amplios márgenes de accidentalidad e indeterminación, que impiden prever la totalidad de los eventos futuros[20]. Sin embargo, en los conocimientos físicos también hay verdadera certeza, ya que no existe ninguna realidad –por contingente que sea– que no contenga en sí algo de necesidad[21], en contra de lo que mantiene el contingentismo absoluto de los nominalistas y algunos indeterminismos recientes. Es importante no identificar –como ha sido, hasta hace poco, usual en la filosofía postkantiana– las nociones de *analítico, a priori* y *necesario*. Si se distinguen adecuadamente, queda abierto el camino para el reconocimiento de una necesidad *a posteriori*, que es justamente la que poseen –en diversa medida– las esencias de las cosas naturales[22].

En las ciencias humanas se suele hablar de «certeza moral», pues entra en juego la libertad, que no es la simple contingencia.

18. *In Post. Analyt.*, I, c. 41.
19. Cfr. ARISTÓTELES: *Metafísica*, VI, 3.
20. Es interesante sobre este tema: R. SORABJI: *Necessity, Cause and Blame. Perspectives on Aristotle's Theory*. Duckworth, Londres 1980.
21. *Suma Teológica*, I, q.86.
22. Cfr. S. KRIPKE: *Naming and Necessity*. Harvard University Press, Cambridge (Mass.) 1980, pp. 34-38.

Los asuntos humanos, en efecto, no están sometidos a la necesidad física, pero tampoco constituyen un campo en el que reine la irracionalidad o la arbitrariedad. La propia libertad humana no es la mera veleidad, sino que posee una lógica interna que la ética estudia. Asistimos actualmente a un prometedor movimiento de *rehabilitación de la filosofía práctica*[23], en el que se está utilizando métodos adecuados para alcanzar certidumbres en el plural ámbito de la praxis humana.

2. La duda

La duda es el estado en el que el intelecto fluctúa entre la afirmación y la negación de una determinada proposición, sin inclinarse más a un extremo de la alternativa que al otro. Se suele distinguir entre *duda positiva* y *negativa*. En esta última, la mente no admite ninguna de las dos partes de la contradicción por falta o defecto de motivos para hacerlo: no hay razones concluyentes ni a favor ni en contra. En la *duda positiva*, en cambio, las razones en favor de un extremo y el otro parecen tener igual peso.

La duda supone una actualización mínima de nuestra mente por la verdad. «Cuando dudamos no tomamos como verdadero lo que es falso, ni estamos enteramente privados de toda noticia sobre la verdad. Esta se halla presente a nuestro entendimiento; mas no como verdad, pues en tal caso no dudaríamos, sino como una de las partes de una oposición contradictoria, con respecto a la cual todavía no sabemos a qué atenernos»[24].

En la duda hay una suspensión del juicio, que es conveniente mantener cuando no existe la evidencia que el asunto en cuestión requiere. Es distinta la actitud del que pregunta, pues la *interrogación* manifiesta más bien que no se sabe[25]. Ligeramente distinta de la duda es la *conjetura*[26], que no es todavía un juicio, sino sólo

23. M. Riedel (Edit.)· *Rehabilitierung der praktischen Philosophie*, op. cit.
24. Millán Puelles: *Fundamentos de Filosofía*, op. cit., p. 462.
25. La pregunta ocupa un lugar destacado en la metodología filosófica clásica, de radical inspiración socrática. Una posición diversa adquiere en la hermenéutica existencial de M. Heidegger, cuyo comienzo es precisamente la investigación de la pregunta que interroga por el ser (*El Ser y el Tiempo*, Introducción).
26. En algunas direcciones de la actual filosofía de la ciencia, el concepto de *conjetura* ha adquirido especial importancia: «The way in which knowledge progresses, and especially our scientific knowledge, is by unjustified (and unjustifiable) anticipations, by guesses, by tentative solutions to our problems, by *conjectures*.

la tendencia a dar un juicio, motivada por algún signo, todavía demasiado leve para determinar el acto del entendimiento[27].

Valoración gnoseológica de la duda

Los escépticos y criticistas de todos los tiempos –pero especialmente los modernos– han presentado la duda como un estado de espíritu propio del sabio: la duda sería el camino para asegurar las pocas certezas que al hombre le cabe alcanzar. Ahora bien, de suyo la duda es un estado potencial y, por lo tanto, imperfecto. Es una situación de inquietud, de la que la mente tiende naturalmente a salir, para aquietarse con la verdad. El criticista, en cambio, se deteniene morosamente en la duda, porque considera que no puede aceptar ninguna certeza que no haya sido totalmente establecida por él mismo, a partir de un estado de no-certeza.

Imposibilidad de la duda universal

El criticismo cartesiano, en concreto, pretende conquistar un elenco seguro y sistemático de certezas a partir de la *duda universal*, establecida metódica y voluntariamente por el sujeto pensante. Pero la duda universal es sencillamente imposible, porque hay conocimientos indudables de los que no se puede prescindir, ni siquiera cuando uno se empeña en dudar de todo. En efecto, «quien afirma que hay que dudar de *todo* hace ya un juicio, el que representa su misma tesis, que es una excepción a lo que con ella se piensa, pues si de todo hubiera que dudar, nada podría afirmarse: ni siquiera la tesis según la cual todo ha de ser objeto de duda. Tampoco cabe el recurso de sustentar esta tesis como algo simplemente probable, porque la misma probabilidad debe tener un fundamento cierto. Ni tiene sentido afirmar que es dudoso que todo sea dudoso, ya que esta afirmación y todas las que de un modo indefinido se añadieran a ella para aumentar la duda, serían otras tantas excepciones a la universalidad de ésta. El que dice tener

These conjectures are controlled by criticism; that is, by attempted *refutations*, which include severely critical tests». K. R. POPPER: *Conjectures and Refutations. The Growth of Scientific Knowledge*. Routledge of Kegan Paul, Londres 1965, 2ª edic., p. VII. Cfr. M. ARTIGAS: *Karl Popper: Búsqueda sin término*. Magisterio Español, Madrid 1981.

27. *Suma Teológica*, II-II, q.2, a.1.

una duda ya sabe algo: sabe que duda, pues si no lo supiera, ¿cómo podría afirmarla? La conciencia misma de la duda ya es un conocimiento cierto»[28].

La conciencia de dudar –como, por ejemplo, la de actuar libremente– es conciencia pura: es un inmediato hecho de conciencia en el que, como advirtiera San Agustín, no cabe error. En su propia intimidad, la *cogitatio* es infalible, ya que la vivencia de la subjetividad es formalmente inmanente, no supone un paso a algo distinto de la conciencia en el que –dadas las prevenciones del criticista– podría haber un riesgo de error. Negada esta infalibilidad, se negaría la posibilidad de todo conocimiento. Respecto a los *facta* internos, de pura conciencia, no hay posibilidad de error (en cuanto son sólo hechos de conciencia).

A la luz de estos básicos contra-ejemplos, se advierte que la duda universal es un planteamiento internamente insostenible, porque implica su propia negación. Desde una perspectiva más amplia, se podría también aducir la inobjetable evidencia de los primeros principios y de la experiencia sensible. Decididamente, no es viable dudar de todo[29].

3. La opinión

A veces, el entendimiento se inclina más a una parte de la contradicción que a la otra. Sin embargo, las razones que le im-

28. Millán Puelles: *Fundamentos de Filosofía*, op. cit., p. 464; cfr. del mismo autor: *Economía y libertad*. Fondo para la Investigación Económica y Social, Madrid 1974, pp. 162-163.

29. «¿Deberíamos adoptar el programa cartesiano de intentar alcanzar un estado de incertidumbre, de suspensión del juicio, que afectara a todo tipo de cuestiones –o, al menos, a todos los campos en los que sabemos por experiencia que hemos incurrido en error– hasta que, al final, llegáramos a proposiciones de las que simplemente no podemos dudar? De hecho, es imposible para un pensador seguir este programa; un lector atento de las *Meditaciones* puede observar muchos lugares en los que Descartes asume sin vacilar algo de lo que hubiera hecho bien en dudar: mejor que dudar de cosas de las que de hecho dudó. Descartes estaba obsesionado con una metáfora arquitectónica: la casa del conocimiento, en la que vivimos, es ruinosa e inestable, de manera que hemos de derribarla –viviendo durante el proceso en una choza de «moral provisional»– y cavar hasta una base rocosa para poder construir con seguridad. Pero el filósofo austríaco Otto Neurath encontró una metáfora mejor de la situación humana: somos como marineros en un barco que hace agua, y tenemos que remplazar las maderas podridas por otras en buen estado mientras el viaje continúa: no podemos llevar el navío al dique seco y emprender su total reconstrucción». P. Geach *Reason and Argument*. University of California Press, Berkeley y Los Angeles 1976, pp. 12-13.

pulsan no determinan suficientemente al entendimiento para que se pronuncie totalmente en tal sentido. De aquí que, en semejante tesitura, la mente asiente a una de las partes, pero recelando de si la verdadera será la opuesta. Tal es el estado del que *opina: el asentimiento a la verdad de una parte de la contradicción, con temor de la verdad de la opuesta*[30]. En la *opinión*, el entendimiento no asiente porque así lo recabe ineluctablemente el objeto conocido, como en el caso de la certeza. ¿Qué es, entonces, lo que mueve al intelecto para pronunciarse en un sentido, en lugar de en el opuesto? Lo que le mueve es una elección de la voluntad que le inclina hacia una parte más que hacia la otra[31].

Por lo tanto, pertenece a la esencia de la opinión el que el asentimiento no sea firme. En cambio, la adhesión que se tiene por ciencia es firme. De aquí que un mismo sujeto no pueda tener de una misma cosa –y según el mismo aspecto– ciencia y opinión simultáneamente. Pertenece a la razón de ciencia el estimar que es imposible que lo que se sabe sea en realidad de otra manera, mientras que pertenece a la razón de opinión el considerar que lo que se estima puede ser en realidad distinto[32].

Opinión y certeza

En la práctica, es importante discernir entre la opinión y la certeza. Tan injustificado es tener lo cierto por opinable como lo opinable por cierto. Se puede tomar lo cierto como opinable si –por defecto de averiguación– no se conocen adecuadamente las razones en las que de hecho se basa esa certeza. Pero también una opinión puede ser muy vehemente y llegar a transformarse injustificadamente en certeza –que será entonces meramente subjetiva–sólo por la firme decisión de una voluntad poco razonable. Tener *criterio* es, en buena parte, saber discernir las distintas situaciones en las que –con fundamento en la realidad– se encuentra la mente en cada momento. No se debe olvidar que la voluntad interviene en favor de una opinión porque la estima como verosímil y como un bien; si esto acontece sin fundamento, confundimos nuestros deseos con la realidad de las cosas, a la que –en último término–procede siempre atenerse.

30. *De Veritate*, q.14, a.1.
31. *Suma Teológica*, II-II, q.1, a.4.
32. *Suma Teológica*, II-II, q-1, a-5, ad 4.

Opinión y contingencia

La opinión es de suyo una estimación ante lo contingente, es decir, *aquello que puede ser y no ser*. Como no todo es contingente, *no todo es opinable*. No se debe intentar hacer ciencia de lo contingente en cuanto tal, porque su inestabilidad impide lograr la firme certeza que el saber científico requiere. Pero tampoco procede opinar acerca de lo que es necesario, de lo que tiene que ser así y no de otro modo, por defecto del conocimiento del opinante[33].

La opinión es un estado intelectual característico del hombre, según pusieron ya de relieve los primeros pensadores griegos, que contraponían la *dóxa*, saber imperfecto y oscilante, a la *epistéme*, conocimiento cierto y firme, que culmina en la *sophía*, saber plenario, del que el hombre participa y al que amorosamente tiende, sin llegar nunca a poseerlo cumplidamente. El hombre se ve obligado a opinar, ya que, por la limitación de su conocimiento, muchas veces no puede alcanzar la certeza. Lo cual no significa que todas las opiniones sean igualmente plausibles. Eso es lo que pretenden los *relativistas* que, al convertirlo todo en opinable, conceden a todas las opiniones el mismo valor, justamente porque ninguno le conceden. Lo que realmente sucede es que no es fácil descubrir la verdad en algunos ámbitos, especialmente en aquéllos donde intervienen las libres acciones humanas o está presente una multitud de factores difícilmente abarcables en su mutua conexión. En estos asuntos es natural y positivo que se produzca una pluralidad de opiniones por parte de los hombres que los juzgan; pero el pluralismo no es igualmente lícito en otros campos; y en ninguno debe basarse en el relativismo o desembocar en él.

Por la contemplación atenta de la realidad, el estudio, la reflexión y el diálogo, el hombre se va acercando al conocimiento de la verdad. A medida que se indagan los problemas con mayor rigor y profundidad, se obtienen opiniones más fundadas; y, en muchos casos, se llega también a conocer la verdad con certeza. A lo largo de este proceso de investigación de la verdad, se confirman las opiniones anteriores o, por el contrario, se rectifican, en cuyo caso hay un reconocimiento de la propia defectibilidad gnoseológica. En el espacioso territorio de lo opinable, la *recta ratio* es, en buena medida, *correcta ratio*. El estar dispuesto a reconocer que no se estaba en lo cierto es una garantía de progreso en el co-

33. *In Post. Analyt.*, I, c. 44.

nocimiento. Bien lo expresa el dicho popular: rectificar es de sabios. Un lema clásico *–ars longa, vita brevis–* dice, por su parte, que este camino de acercamiento a la verdad no puede culminar en la vida presente: siempre se puede conocer más y mejor.

4. La fe

La diferencia entre la *fe* y la *opinión* estriba en que, en el caso de la fe –humana o sobrenatural–, *la voluntad mueve al entendimiento a asentir con certeza, sin miedo a que sea verdad la opinión contraria, basándose en el testimonio y la autoridad de otro*[34].

No hay que confundir la *fe* con la simple *creencia* que, en el lenguaje coloquial, se asimila prácticamente a la opinión. Se dice, por ejemplo: «Creo que Marta ha salido, pero no estoy seguro»; donde «creo» equivale a «opino» o «me parece».

Certeza de fe y certeza de evidencia

En la fe no hay –como hay en la opinión– *temor a equivocarse*. Por lo tanto, desde el punto de vista de su firmeza, la fe es un tipo de certeza. La certeza, en efecto, puede ser *certeza de evidencia* –fundada en la manifestación objetiva de la verdad– y *certeza de fe* –que se basa en la autoridad del testigo, manifestada por la evidencia de su credibilidad. Considerando la razón de conocimiento, la certeza de evidencia es siempre más perfecta. Pero la certeza de fe –no obstante la oscuridad del conocimiento– puede ser más perfecta en cuanto a la firmeza de la adhesión.

La libertad de la fe

La certeza de fe es libre, en cuanto que depende de la voluntad; mientras que la de evidencia sólo es indirectamente libre, en cuanto que existe libertad de considerar o no lo evidente. El carácter propiamente libre de la certeza de fe se manifiesta por lo siguiente: conocida la autoridad del testigo –por la evidencia de su

34. *Suma Teológica,* II-II, q.1, a.4; *De Veritate,* q.14, a.1.

credibilidad– y conocido su testimonio acerca de alguna verdad, la mente aún no tiene que asentir necesariamente a esa verdad. La voluntad solamente se dispone a mover al entendimiento para que asienta, ya que –bajo tales circunstancias– el creer aparece como algo bueno para el hombre. Pero como este bien no es absoluto, sino particular, no solicita necesariamente a la voluntad, que puede conducir al entendimiento a considerar otra cosa y así impedir el asentimiento.

El que cree tiene unos motivos suficientes que le inducen a creer: no cree sin fundamento. Pero no es el objeto mismo el que causa la adhesión de la inteligencia; por eso, siempre hay libertad de asentir o no. Y esto es así, incluso en el caso del testimonio de un testigo evidentemente creíble: por ejemplo, las verdades reveladas por Dios siguen siendo no evidentes; por sí mismas, no pueden mover al entendimiento a asentir.

La credibilidad

Se cree algo, en definitiva, porque se ve que la ciencia y la veracidad del testigo garantizan su verdad *(evidencia de credibilidad)*. Creer en algo es siempre, también, creer a alguien. Advirtamos que gran número de verdades naturales las admitimos con base en el testimonio de otros: la mayoría de las noticias, de las descripciones geográficas, de los acontecimientos históricos, de las conclusiones de ciencias que no dominamos, etc. Y muchas cosas que ahora vemos con evidencia las hemos sabido antes creyendo a personas de mayor experiencia y conocimientos. Desconfiar sistemáticamente de todo lo que se nos propone para creer, limitaría drásticamente nuestro acervo de conocimientos y haría imposible la vida en sociedad. La *sospecha* como método no conduce a nada.

En algunos casos, el influjo de la voluntad en el acto de fe es pequeño, porque se conocen muy bien las cualidades del testimonio o porque son muchos los testimonios concordantes. Pero siempre es necesaria la decisión. Es cierto que el acto de fe es formalmente intelectual, no volitivo o emotivo; y no es menos cierto que, para que alguien crea, es necesario que otro –uno, al menos– sepa. Pero, en el sujeto que cree, la fe descansa en último término en su querer, no en su saber[35]. Como decía Newman, «creemos porque amamos».

35. *In III Sent.*, d.23, q.2, a.3, sol.2.

La Fe sobrenatural

En la Fe sobrenatural, se creen las verdades divinas predicadas por hombres que ofrecen unos signos de haber sido enviados por Dios para comunicar esas verdades. Pero en realidad, mediante el instrumento humano, es Dios quien habla y a quien se cree. La aceptación de la palabra de Dios conlleva un decisivo compromiso existencial; de aquí que, para creerla, sea indispensable la recta disposición de la voluntad hacia el bien[36]. Además, por tratarse de verdades y bienes sobrenaturales –que trascienden la humana capacidad–, la inteligencia precisa de la acción iluminadora del *lumen fidei* y la voluntad de la moción de la gracia sobrenatural. «*Creer* –dice Santo Tomás– *es el acto del entendimiento que asiente a la verdad divina imperado por la voluntad, a la que Dios mueve mediante la gracia*»[37].

Por la Fe se cree en la misma Verdad primera, que es infalible y, por tanto, es más firme que la luz del entendimiento humano. De ahí que la Fe tenga mayor certeza –en cuanto a la firmeza de adhesión– que la certeza de la ciencia o la de los primeros principios, aunque sea menor la evidencia[38]. De manera que el creyente asiente a las verdades de Fe con más firmeza incluso que a los primeros principios de la razón[39]. Esta íntima seguridad con la que el hombre de Fe se adhiere a verdades racionalmente no evidentes, es la paradoja de una *oscura claridad,* que apenas puede ser vislumbrada por quien no esté dispuesto a aceptar el regalo de una certeza que le eleve por encima de sí mismo.

5. EL ERROR

Nesciencia, ignorancia y error

En primer lugar, es preciso distinguir entre *nesciencia, ignorancia* y *error.* Llamamos *nesciencia* a la simple ausencia de saber. La *ignorancia*, por su parte, añade un nuevo matiz a la mera

36. *Suma Teológica,* II-II, q.5, a.2.
37. «Ipsum autem credere est actus intellectus assentientis veritati divinae ex imperio voluntatis a Deo motae per gratiam». *Suma Teológica,* II-II, q.2, a.9.
38. *In III Sent.,* d.23, q.2, a.2, sol.3.
39. *In Sent. Prol.,* q.1, a.3, sol.3.

carencia de conocimiento: es la privación de un conocimiento para el que se posee naturalmente aptitud. Finalmente, *el error consiste en afirmar lo falso como verdadero.* Por lo tanto, el error añade –respecto a la ignorancia– un nuevo acto; se puede, en efecto, ser ignorante sin formar ninguna sentencia acerca de lo ignoto y, en tal caso, no se yerra; mientras que el error consiste en hacer un juicio falso acerca de lo que se ignora[40].

La falsedad

Claro aparece que lo falso se opone a lo verdadero. Ya sabemos, en efecto, que «decir que no es lo que es o que es lo que no es, es falso; y decir que es lo que es y que no es lo que no es, es verdadero»[41]. Si la verdad consiste en la adecuación del entendimiento con la realidad, la falsedad es justamente la inadecuación.

> El bien del entendimiento es el conocimiento de la verdad. Por consiguiente, los hábitos que perfeccionan el intelecto para conocer se llaman también «virtudes» (dianoéticas), ya que facilitan que la mente realice actos buenos. La falsedad, en cambio, no sólo es la carencia de verdad, sino su corrupción. En efecto, no se dispone de la misma manera el que carece por completo del conocimiento de la verdad, que el que tiene una opinión falsa, cuya estimación está corrompida por el error. Así como la verdad es el bien del entendimiento, así la falsedad es un mal. Santo Tomás llega a decir que la falsedad en los seres cognoscentes es semejante a los monstruos en la naturaleza corporal: algo que cae fuera de la ordenación normal de la mente, la cual está de suyo ordenada a la verdad[42].

Lo falso se da sólo en la mente

Lo mismo que la verdad, lo falso se da principalmente en la mente. Pero así como reconocemos en las cosas una verdad ontológica, no cabe hablar de «falsedad ontológica». En rigor, las cosas no pueden ser propiamente falsas, porque *omne ens est verum.*

40. *De Malo*, q.3, a.7.
41. Aristóteles: *Metafísica*, IV, 7, 1011b 26-27.
42. *De Veritate*, q.18, a.6.

Frente a lo que propugnan las «filosofías de la sospecha», lo cierto es que las cosas son siempre idénticas a sí mismas, no están nunca afectadas de una íntima quiebra que engañosamente las refractara. Con todo, la realidad no aparece *ante el hombre* en toda su plenitud: en el fenómeno se nos da el ser, pero el ser no se «agota» en su mostrarse, sino que tiene un *plus* de realidad, más allá de lo dado en el fenómeno[43]. Esto abre la posibilidad de que haya cosas que –para un sujeto determinado– parezcan lo que no son y den, por tanto, ocasión a error: se las llama, entonces, «falsas». Se habla, por ejemplo, de una «moneda falsa», aunque aquel objeto sea realmente una verdadera pieza de metal acuñado, sólo que sin valor de curso legal.

Sólo puede ser formalmente falso el juicio de la mente. Según Tomás de Aquino, la falsedad es una operación defectuosa del entendimiento, así como un parto monstruoso –insistiendo en el símil– es una operación imperfecta de la naturaleza. El mal cognoscitivo es el error, que reside en el acto del intelecto, no en la realidad de las cosas. De donde se sigue que toda estimación falsa procede del defecto de algún principio del conocer.

En el hombre, el error ocurre muchas veces por un razonamiento incorrecto, en el que la conclusión falsa no es una adecuada actualización a partir de la potencialidad de las premisas verdaderas. En cambio, no puede fallar lo que siempre está en acto. No hay error en la abstracción de las esencias, realizada por la luz intencional –siempre en acto– del intelecto agente: «los que abstraen no mienten»: de modo natural, el entendimiento agente penetra certeramente en la naturaleza de las cosas, aunque no llegue comprehensivamente hasta su más íntima realidad. Pero puede fallar lo que supone un paso de potencia a acto; porque lo que está en potencia está abierto a la perfección o a la privación[44].

Como todo mal, lo falso no se da *per se,* pues la inteligencia tiende naturalmente a alcanzar su fin, que es el conocimiento de la verdad. Sólo *per accidens* se equivoca, de modo semejante a lo que ocurre con las operaciones de los entes no intelectuales, que habitualmente logran su objetivo y sólo fallan en algunos casos.

El error como privación

De todo lo dicho se deduce que *no existe positivamente el error:* nadie conoce propiamente lo falso; más bien, no conoce lo

43. Cfr. A. Llano «Fenómeno», en G.E.R. tomo X, pp. 3-5.
44. *De Malo,* q.16, a.6.

verdadero. *El error* –insistimos– *es una privación.* El conocimiento falso es un conocimiento malo –un mal natural– que falla a su regla de adecuación con la realidad, así como el acto humano que falla a la regla ética es moralmente malo [45].

El error consiste en un defecto de conocimiento; no ocurre en virtud de los datos bien conocidos, sino más bien porque éstos faltan[46] y no se advierte que es así. En el juicio erróneo se toma la parte –lo que se conoce– por el todo: el conocimiento completo o, al menos, el suficiente para juzgar con verdad. Se produce, entonces, una *apariencia*, en la que lo erróneo parece verdadero. No se debe, por cierto, confundir la noción de *apariencia* con la de *fenómeno:* mientras que éste apunta a una parcial *manifestación* del ser, aquélla se refiere más bien a su parcial *ocultación.* El error consiste, entonces, en *dejarse llevar por la apariencia.* No se produce por la evidencia de una cosa, sino porque se deja de ver algo que era necesario para formar un juicio. Como antes apuntábamos, puede darse también el error en aquellas conclusiones que se han alcanzado mediante un razonamiento incorrecto. Otras veces procede de la aceptación de un testimonio falso.

Además del error teórico, existe el *error práctico.* En efecto, la razón opera dos principales tipos de actos: uno –que es el esencial– acerca de su objeto propio; y el otro, en cuanto que es directivo de las restantes potencias. El error práctico se produce en esta segunda índole de actos, cuando la dirección racional de la voluntad y de las facultades inferiores no se adecúa la regla moral y, en último término, a la realidad de las cosas[47].

La inteligencia, por sí misma, no se equivoca. Así como una cosa tiene el ser por su forma, así también la facultad cognoscitiva tiene el acto de conocer por la similitud de la cosa conocida. Ahora bien, una cosa natural no puede fallar con respecto al ser que le corresponde por su forma, si bien pueden fallarle algunas cosas accidentales o complementarias: un hombre puede no tener los dos pies que normalmente le corresponden, pero no puede fallarle ser hombre. De modo semejante, tampoco puede fallar la potencia cognoscitiva, en el acto de conocer, respecto a la cosa cuya similitud le informa, aunque pueda fallar respecto a lo que es accidental o derivado de ella. Y, así, la vista no se engaña respecto a

45. Cfr. J. GREDT: *Elementa Philosophiae Aristotelico-thomisticae.* Herder, Barcelona 1961, 13ª edic., tomo II, p. 56.
46. *Contra Gentiles,* lib. II, cap. 76.
47. Cfr. *Suma Teológica,* I-II, q.74, a.5.

su sensible propio, aunque a veces se engañe respecto a los sensibles comunes y a los *per accidens.* Pues bien, en el caso de la inteligencia acontece lo siguiente: de la misma manera que el sensible propio informa directamente al sentido, así también el entendimiento es informado por la similitud de la esencia de la cosa. Por tanto, el entendimiento no yerra acerca de *lo que es.* Pero se puede engañar el intelecto en el acto de componer y dividir –o sea, de juzgar–, porque puede atribuir a la cosa, cuya esencia conoce, algo impropio u opuesto a ella.

El reconocimiento de la falsedad

Pero es que, además, la inteligencia puede conocer la falsedad[48]. Del mismo modo que, por una cierta reflexión, nos damos cuenta de que un juicio es verdadero, también por una reflexión correspondiente podemos advertir su falsedad y, así, al reconocerla, salimos del error. «Lo que en el hecho de la rectificación se manifiesta de una manera explícita y propiamente objetiva es lo evidente en su evidencia misma y lo aparente según su propia apariencia»[49].

En el error hay una inadvertencia, es decir, una falta de reflexión que debería haber. Estas faltas de atención provienen de las solicitaciones –muy vivas, a veces– de los sentidos, de precipitaciones, olvidos, cansancios, etc. Pero, en definitiva, la presencia del error revela los límites de la humana condición. Es un hecho específicamente humano, al que los brutos no alcanzan y en el que los ángeles no caen. Además, nuestra índole psicosomática hace que no tengamos una conciencia exacta de los límites de nuestro conocimiento y, por tanto, es posible que a veces juzguemos una cuestión sin darnos cuenta de que no la conocemos suficientemente.

La causa del error

La falsedad, que es una privación, no tiene causa eficiente, sino defectiva. En cambio, *el error,* en cuanto que es un juicio, *requiere causa eficiente.*

48. *Suma Teológica,* I, q.17, a.3.
49. MILLÁN PUELLES *La estructura de la subjetividad,* op. cit. p. 46.

Como el juicio erróneo no está causado por la evidencia, su causa se encuentra con mucha frecuencia en la otra facultad espiritual que mueve al entendimiento: *la voluntad.* Esta no quiere el error por sí mismo, ya que esto implicaría haberlo reconocido ya como error, sino sólo en cuanto que el juicio correspondiente aparece como un bien, ya que pone fin a la búsqueda de la verdad.

Ese querer juzgar sin evidencia es, cuando menos, efecto de una presunción, por pequeña que sea[50]. Tal decisión puede ser más o menos deliberada y también es diversa, según los casos, la firmeza de adhesión al error, en la que caben –subjetivamente– los distintos estados de la mente que antes examinamos (certeza, opinión, etc.). La voluntad, a fin de mover el asentimiento del intelecto, le hace fijarse en algunos aspectos de la cosa, que son reales pero incompletos[51], o en ciertas apariencias. Cuando la voluntad se dirige al mal, lo hace queriéndolo como bien y, por tanto, supone un error en la inteligencia[52]; pero este error está –a su vez– causado por la voluntad, que hace juzgar bueno lo que ella quiere en aquel momento, en virtud de una pasión o hábito malo[53].

La duda misma puede ser ya, en cierto sentido, un error. Desde luego, la duda no es un estado deseable y, en ocasiones, ni siquiera es una legítima situación inicial, científica o precientífica, porque la recta disposición del sujeto le debe llevar a aceptar las certidumbres que inicialmente le son dadas, aunque intente siempre pasar de lo oscuro a lo claro. Cuando se desconoce todo de un determinado asunto, lo que está en el comienzo es la *ignorancia,* que es diversa de la *duda:* mientras que en aquélla se reconoce no saber, en ésta la mente parece inclinarse ya hacia la negación[54].

De lo que acabamos de decir se sigue que –al menos, en cuestiones con relevancia existencial– las disposiciones morales del sujeto tienen gran importancia para alcanzar la verdad y evitar el error. Si buscamos sólo los propios intereses, como parecen aceptar algunas gnoseologías contemporáneas, fácilmente nos dejaremos llevar de aquellas apariencias que consideramos convenientes para nuestros propósitos. Si, en cambio, se procura buscar el bien en sí mismo, quedará abierto –aunque siempre angosto– el camino hacia la verdad que, como el bien, se fundamenta en el ser de las cosas.

50. *De Malo,* q.3, a.7.
51. *In II Sent.,* d. 39, q.1, a.2 c y ad 5; *De Veritate,* q.24, a.8.
52. *Contra Gentiles,* lib. I, cap. 95.
53. *In II Sent.,* d. 43, q.1, a.1, ad.3.
54. «Dubitans propinquus est neganti». *Expositio super Iob,* cap. XV.

CAPÍTULO IV

EXAMEN DEL ESCEPTICISMO

1. FORMAS DEL ESCEPTICISMO Y DE LOS ARGUMENTOS ESCÉPTICOS

Hasta ahora, nos hemos dedicado sobre todo a estudiar el tema de la verdad, en torno al cual gira toda la gnoseología. Ha sido una consideración positiva, ostensiva, basada en conocimientos alcanzados en metafísica y en psicología filosófica. Solamente al paso nos hemos enfrentado con algunas de las posturas que niegan la capacidad humana para alcanzar la verdad o la conciben equivocadamente. Ahora procede ocuparse temáticamente de esas objeciones; tarea que también contribuirá a esclarecer la teoría metafísica del conocimiento y de la verdad. A estas cuestiones se dedicarán el presente capítulo y el que sigue, para volver finalmente a profundizar en algunos aspectos de las teorías metafísicas y psicológicas en las que nos basamos.

El escepticismo

El ataque más neto y radical –por lo menos, antes de algunos subjetivismos modernos– a la capacidad del hombre para conquistar la verdad lo constituye el *escepticismo*. Esta palabra procede del griego *sképtomai*, que significa «examinar», «observar detenidamente», «indagar». En sentido filosófico, y en líneas generales, *escepticismo es la actitud que* –tras realizar el aludido examen– *concluye que nada se puede afirmar con certeza, por lo que más vale refugiarse en una «epojé» o abstención del juicio.*

Formas del escepticismo

Pero el escepticismo puede revestir formas muy variadas. Se puede, en primer lugar, diferenciar su distinto alcance. «Según los juicios a los que se extiendan los reparos escépticos, pueden distinguirse dos clases de escepticismo: el universal y el parcial. El escepticismo *universal* se dirige contra la cognoscibilidad de la verdad de todo juicio en general; el *parcial* cuestiona solamente la legitimidad de determinados juicios. Ambas clases pueden subdividirse, a su vez, en una forma absoluta y otra relativa. El escepticismo *absoluto* afirma que la verdad de un juicio es totalmente incognoscible, es decir, en todo tiempo y para cualquiera. El escepticismo *relativo,* en cambio, se refiere solamente al estado actual del escéptico»[1]. También cabe diferenciar su aspecto teórico y su aspecto práctico. Desde el punto de vista *teórico*, el escepticismo es la teoría gnoseológica que cuestiona la certeza de nuestro conocimiento; en su dimensión *práctica,* el escepticismo pretende salvar al hombre de la agitación de las opiniones cambiantes, por medio de la búsqueda de una serenidad interior ajena a toda postura «dogmática».

El escepticismo griego

A pesar de que todos sus argumentos están afectados de –al menos– una fuerte paradoja interna, el escepticismo se sigue discutiendo seriamente en nuestros días[2]. Pero ya en la antigüedad se presentó en formas variadas, sobre las que han vuelto los escépticos posteriores[3]. Podemos distinguir cuatro variantes principales en el escepticismo griego:

1. M. HOSSENFELDER: *Escepticismo.* En «Conceptos fundamentales de filosofía». Herder, Barcelona 1976, tomo I, p. 640.
2. Cfr. N. RESCHER: *Scepticism. A critical reappraisal.* Basil Blackwell, Oxford 1980.
3. Cfr. VERNEAUX: *Epistemología general,* pp. 32-33.

1. *Pirronismo:* suele denominarse así la forma extrema de esta actitud gnoseológica, tomando el apelativo de Pirrón de Elis (360-270 a. C., aproximadamente), que propugnó vivir en una completa abstención del juicio, para conseguir la *ataraxia* o perfecta indiferencia ante todo. El sesgo ético del escepticismo es claro aquí. El ideal del sabio consiste en entrar en sí mismo, para permanecer en su silencio imperturbable y feliz. Aristóteles advirtió irónicamente que eso equivalía a vivir como una planta.
2. *El probabilismo:* es la postura mantenida por Arcesilao y Carneades, miembros de la Academia Nueva. Se oponen al absolutismo de los pirrónicos, al admitir que cabe salir de la duda pronunciándose en favor de una opinión que se admite sólo como probable. No cabe poseer la verdad, sino únicamente vislumbrar lo plausible o verosímil: basta con ello para salir del estado «vegetal» de los pirrónicos y andar por el mundo con un mínimo de soltura.
3. *El fenomenismo:* se suele decir que su principal representante es Enesidemo de Cnosos, aunque este autor recopiló –en el siglo I a. C.– todos los principales argumentos escépticos en sus famosos *tropos*. Según los fenomenistas, sólo conocemos las cosas tal como aparecen, como meras apariencias, pero no podemos saber lo que de verdad son. Los fenomenistas antiguos se limitan, entonces, a constatar las diversas apariencias, pero sin afirmar ni negar que les corresponda algo real.
4. *El empirismo:* como consecuencia lógica del fenomenismo, se mantiene que, admitidos los fenómenos en su aspecto fáctico, cabe buscar las leyes por las que se relacionan entre sí, pero siempre sin superar lo dado en la experiencia. Ya en Sexto Empírico se encuentra un argumento en contra de la noción de causa, que –por ser una relación– sólo podría existir subjetivamente.

Los argumentos de los escépticos

«Los escépticos –señala Verneaux– no están faltos de argumentos; tienen, por el contrario, un gran número de ellos que desarrollan con un ingenio y una sutileza sin igual»[4]. Son argumentos que formularon y discutieron ya los pensadores griegos y que

4. VERNEAUX op. cit., p. 34.

–de una forma u otra– han repetido todos los escépticos que en la historia han sido. Se podrían esquematizar así:

1. *La diversidad de opiniones humanas y las contradicciones de los filósofos.* Es un argumento comprensible por todos y que sigue siendo ocasión de «escándalo» para muchos. Sobre cualquier cuestión, los distintos hombres defienden las opiniones más diversas, y cada uno cree tener razón. ¿Quién posee la verdad? No lo podemos saber a ciencia cierta. En todo caso, nuestro juicio no será más que una opinión junto a las otras. Y si de la vida cotidiana pasamos a las tesis de los filósofos, el panorama es aún más confuso. Porque parece que no hay doctrina –por extraña que sea– que no haya sido defendida por algún filósofo y, entonces, ninguna puede tenerse por verdadera con certeza.
2. *El error y la ilusión.* Es un hecho que nos equivocamos con frecuencia, con demasiada frecuencia. Los sentidos nos engañan, haciendo pasar las apariencias por realidades. La ilusión de espejismos y fuegos fatuos nos acecha por doquier. Y también la inteligencia yerra al juzgar y razonar. Mientras dormimos, consideramos los sueños como sucesos que realmente nos pasan: ¿cómo sabemos, entonces, que no soñamos siempre? Muchos hombres –en mayor o menor grado– padecen de manías y obsesiones, que les llevan a dar vida a los fantasmas de su mente. ¿Dónde se encuentran las fronteras entre la ilusión y la verdad, el sueño y la vigilia, la demencia y la cordura? No podemos saberlo, porque quizá también nosotros erramos, es sueño nuestra vida o locura nuestro empeño.
3. *La relatividad del conocimiento.* Los conocidos versos lo expresan con ingenio y malicia: «nada es verdad ni mentira/ pues depende del color/del cristal con que se mira». Toda cosa es conocida y valorada por un sujeto determinado, lleno de prejuicios y compromisos, hasta el punto de que confunde sus deseos con la realidad: conocimiento e interés se vuelven lo mismo. Además, siempre se conoce desde una situación concreta y limitada. Lo que es verdad hoy puede no serlo mañana. Algo que no es cierto para mí, lo es para tí. Tal parece que todo objeto de conocimiento queda teñido por el tono de la subjetividad de cada cognoscente. No hay conocimientos utópicos ni intemporales: son hijos de una cultura y de una época histórica, en función de las cuales hay que interpretarlos. Además, las cosas mismas no existen aisladas, sino insertas en un complejo tejido de relaciones mutuas, que sería preciso –aunque imposible– conocer, para dar cabal cuenta de los objetos.

4. *El círculo vicioso.* No se debe admitir como cierto nada que no haya sido demostrado. Pero toda demostración se ha de fundar en la verdad de los principios de que parte. Y, a su vez, esos principios se tienen que demostrar con base en otras premisas. Al cabo, todo se demuestra por todo; lo que equivale a decir que nada se demuestra por nada, ya que no hay criterio firme en el que apoyarse. Si se intenta hacer demostraciones, se incurre en un *dialelo* o *circulus viciosus in probandi.* Se podría también ir pasando de principio a principio, en una sucesión no circular, sino lineal; pero entonces tampoco se demostraría nada, porque se prolongaría indefinidamente la siempre insatisfecha búsqueda de un terreno seguro sobre el que construir el edificio de la ciencia.

Como se puede apreciar, los argumentos no carecen de una aparente fuerza de convicción. Sin embargo, pronto se manifiesta su interna inconsistencia; tendremos ocasión de mostrarla más adelante. Señalemos, por ahora, que la actitud escéptica –aparte de sus supuestas motivaciones éticas– se apoya en la ignorancia o en la obstinación. Como señala Tomás de Aquino, algunos aceptan estas razones sofísticas porque no saben cómo contradecirlas, por falta de conocimientos; al no poder solucionar las dificultades de los escépticos, aceptan sus conclusiones; tal ignorancia se supera con relativa facilidad. Pero otros adoptan estas posiciones no por ignorancia, sino por empecinamiento, al amparo de que no hay razón para admitir los principios, ya que son indemostrables[5].

2. La defensa metafísica de los primeros principios del conocimiento

La metafísica, ciencia de los primeros principios

A la metafísica le compete tratar de aquello que afecta a todos los entes, y no sólo a un determinado género de la realidad. Ahora bien, si algún principio es usado por todas las ciencias, afecta a todo tipo de entes. Y tal es el caso de los primeros principios que, por lo tanto, deben ser considerados por la filosofía primera.

5. *In IV Metaphysicorum*, lect. 10, nn. 663-664.

Naturalmente, en cada una de las ciencias sólo se usan estos principios con la extensión propia de los objetos correspondientes; únicamente la propia metafísica los utiliza en toda su amplitud y los examina en cuanto principios.

> Aristóteles lo expresó así: «Como es evidente que los primeros principios se aplican a todas las cosas en cuanto entes (pues la entidad es lo que tienen todas en común), al que conoce el ente en cuanto ente le corresponde también la consideración de los principios. Precisamente por esto, ninguno de los que cultivan las ciencias parciales intenta decir algo acerca de la verdad o falsedad de tales principios (...). Así pues, es propio del filósofo, del que contempla la naturaleza de la entidad, estudiar también los principios de la demostración. Es natural que quien más sabe acerca de cada género pueda enunciar los más firmes principios de la cosa de que se trate. Por consiguiente, también es natural que el que más sabe acerca de los entes en cuanto entes pueda enunciar los más firmes principios de todas las cosas. Y éste es el filósofo»[6].

Tales principios, o proposiciones por sí mismas evidentes *(per se notae),* son aquéllos que se conocen en cuanto son conocidos sus términos; para enseñarlos, es suficiente mostrar los significados del sujeto y del predicado, ya que el predicado está incluido en la definición del sujeto[7].

El principio de no-contradicción

¿Cuál de estos principios es el primero? «El principio más firme de todos es aquél acerca del cual es imposible engañarse; es necesario, en efecto, que tal principio sea el mejor conocido (pues el error se produce siempre en las cosas que no se conocen) y no hipotético. Pues aquel principio que necesariamente ha de poseer el que quiera entender cualquiera de los entes no es una hipótesis, sino algo que necesariamente ha de conocer el que quiera conocer cualquier cosa, y cuya posesión es previa a cualquier conocimiento. Así, pues, tal principio es evidentemente el más firme de todos. Cuál sea éste vamos a decirlo ahora: *es imposible que lo mismo sea y no sea simultáneamente en lo mismo según*

6. ARISTÓTELES: *Metafísica*, IV, 3, 1005a 28-1005b 11.
7. *In IV Metaphysicorum*, lect. 5, n. 595.

lo mismo (...). Este es el más firme de todos los principios (...). Es imposible, en efecto, que alguien crea que una misma cosa es y no es, según –en opinión de algunos– dice Heráclito. Pues uno no cree necesariamente todas las cosas que dice. Y si no es posible que los contrarios se den simultáneamente en lo mismo (...), y si es contraria a una opinión la opinión contradictoria, está claro que es imposible que uno mismo admita simultáneamente que una misma cosa es y no es. Pues simultáneamente tendría las opiniones contrarias quien se engañe acerca de esto. Por eso, todas las demostraciones se remontan a este juicio; pues éste también es, por naturaleza, principio de todos los demás principios»[8].

Se trata del *principio de no-contradicción,* que tiene diversas formulaciones. La primera –por más simple y radical– es ésta: *el ente no es el no-ente.* De ella derivan otras que se asemejan más a la fórmula aristotélica: *es imposible que dos contrarios estén a la vez en el mismo sujeto,* o *no se pueden atribuir predicados contradictorios a una misma cosa.*

El principio de no contradicción es el juicio más seguro y excluye todo error. Santo Tomás dio tres razones en las que se apoya esta primacía gnoseológica. Es el más cierto y firme de todos los principios: 1.° porque acerca de él no se puede errar; 2.° porque no presupone otros principios 3.° porque su conocimiento adviene naturalmente[9].

Este principio tiene un carácter eminentemente analógico, porque –manteniendo su fundamental estructura– su sentido varía tanto como diversos son los objetos a los que se aplica. Como ya se ha señalado, las ciencias particulares utilizan también ese primer principio, pero no en toda su amplitud, sino en cuanto que lo precisan para su estudio. Por eso, la posición escéptica –que, en su raíz, atenta contra el propio principio de no-contradicción– provoca errores sustanciales en las diversas ciencias. Afecta especialmente a la lógica, que se ocupa también de lo verdadero y lo falso: si el lógico rechaza este principio, puede afirmar que se dan verdad y falsedad simultáneamente sobre lo mismo. La ciencia física, por su parte, tiene que habérselas con el ser y el no-ser, pues lo que se mueve –en cuanto tal– todavía no es; para estudiar el movimiento, es preciso distinguir realmente el acto y la potencia: la potencia *no es* el acto; negado –o mal comprendido– el principio de no-contradicción, se puede concluir erróneamente que es imposible el cambio o

8. ARISTÓTELES: *Metafísica,* IV, 3, 1005b 11-34.
9. *In IV Metaphysicorum,* lect. 6, n. 599.

que el movimiento es la esencia misma de la realidad. Y así ha sucedido en la historia del pensamiento.

La defensa del primer principio por reducción al absurdo

A la metafísica le corresponde la defensa radical del primer principio, al mostrar que su negación se resuelve en un rechazo del conocimiento del ente –que es el *primum cognitum*– y, por lo tanto, de toda auténtica intelección humana. Destruido tal error en su raíz, quedan también rebatidas sus consecuencias en los diversos sectores científicos.

En concreto, la defensa de los primeros principios llevada a cabo en la *Metafísica* de Aristóteles –especialmente en el libro IV– tiene un carácter paradigmático y sigue siendo válida con respecto a errores surgidos posteriormente[10].

En primer lugar, considera Aristóteles que la defensa de los primeros principios del conocimiento no puede hacerse por medio de una demostración directa, sino sólo por reducción al absurdo. Dice, en concreto, con respecto a los que niegan el principio de no-contradicción: «Exigen algunos, por ignorancia, que también esto se demuestre; es ignorancia, en efecto, no conocer de qué cosas se debe buscar demostración y de qué cosas no. Pues es imposible que haya demostración de todas las cosas (ya que se procedería al infinito, de manera que tampoco así habría demostración); y, si de algunas cosas no se debe buscar demostración, ¿acaso pueden decirnos qué principio lo necesita menos que éste? Pero se puede mostrar por refutación también la imposibilidad de que una cosa sea y no sea al mismo tiempo, con sólo que diga algo el adversario; y, si no dice nada, es ridículo discutir con quien no puede decir nada, en cuanto que no puede decirlo; pues ese tal, en cuanto tal, es por ello mismo semejante a una planta»[11]. En efecto, el que afirma algo, ha de reconocer que no es lo mismo que negarlo; luego acepta la contradicción del ser con respecto al no-ser. A quien niega este primer principio se le puede demostrar que esa negación se destruye a sí misma.

Los razonamientos de este tipo son meramente argumentativos y no propiamente demostrativos. Porque quien pretendiera demostrar este principio primero incurriría –justamente– en una

10. Un examen actual de este tema se encuentra en R. M. DANCY: *Sense and Contradiction: A study in Aristotle*. Reidel, Dordrecht 1975.
11. ARISTÓTELES: *Metafísica*, IV, 4, 1006a 5-15.

petición de principio, ya que tal supuesta argumentación tendría que suponer lo que pretende demostrar, es decir, que el ser no es el no-ser. La única salida del *círculo vicioso* sería el *proceso al infinito*. Pero, si se procediera al infinito, tampoco habría demostración, porque cualquier conclusión deviene cierta por su reducción al primer principio de la demostración, que no existiría si siempre nos remontáramos más arriba. Sólo se puede demostrar con base en un primer principio indemostrable. De esta manera se responde al cuarto de los argumentos escépticos antes consignados, mostrando la inconsistencia de su tesis fundamental: que no se debe admitir como cierto nada que no haya sido demostrado.

Es patente que no todo lo cierto es demostrable. Pretender lo contrario no es rigor ni agudeza sino, simplemente, ignorancia. El vano intento de encontrar demostraciones para los principios procede de un desconocimiento de aquella parte de la lógica que estudia la *demostración*, la cual –por su propia naturaleza– se apoya precisamente en unos principios primeros[12].

La actitud demostrativa a ultranza, por sutil que pueda parecer, es una necedad[13]. No tiene sentido, por ejemplo, buscar un principio o criterio para discernir cosas que son evidentes: si ahora estoy dormido o despierto; si la pluma con la que escribo existe realmente o es una ilusión de mis sentidos, etc. Además, los que así proceden no buscan un principio cualquiera, sino un principio fundamentado en una demostración. «Buscan una explicación a cosas de las que no hay explicación, pues el principio de la demostración no es una demostración»[14]. Esta búsqueda de lo imposible es como una enfermedad intelectual: una especie de paranoia gnoseológica.

> El escepticismo nos descubre así su verdadero rostro. Especialmente en sus versiones modernas, no es –como pudiera parecer una actitud de modestia intelectual, sino más bien una consecuencia de la pretensión de dominar el saber desde su raíz, de construir por nosotros mismos todo un universo de certezas. Tal es el ideal ilustrado de la ciencia como proceso de emancipación del hombre. No se acepta ninguna dependencia gnoseológica (metafísica, en último término): todo conocimiento –poco o mucho– ha de ser perfectamente poseído por el hombre. Y, al cabo, mejor es no tener ninguno que aceptar que la realidad nos lo imponga. El escepticismo es la otra cara del racionalismo; y, en la raíz del criticismo que los origina, se encuentra la aceptación acrítica de una autoexaltación sin fundamento.

12. *In IV Metaphysicorum*, lect. 5, n. 594; cfr. lect. 6, nn. 607 y 609.
13. «Sed istae dubitationes stultae sunt». *In IV Metaphysicorum*, lect. 15, n. 709; cfr. n. 710.
14. ARISTÓTELES: *Metafísica*, IV, 6, 1011a 13-4.

La dialéctica

Resulta significativo que el rechazo del alcance ontológico del principio de no-contradicción se encuentre también en la culminación del racionalismo moderno. Tanto en la *dialéctica* hegeliana como en sus derivaciones –marxista, sartreana, etc.– este axioma es reconocido como válido en el ámbito de la lógica formal y del saber inmediato y superficial acerca de las cosas, pero la sustancia de la realidad misma es precisamente la contradicción. Hegel llega a afirmar: «La contradicción tendría que ser considerada como lo más profundo y lo más esencial. En efecto, frente a ella, la identidad es sólo la determinación de lo simple inmediato, el ser muerto; en cambio, la contradicción es la raíz de todo movimiento y vitalidad, pues sólo al contener una contradicción en sí, una cosa se mueve, tiene impulso y vitalidad»[15]. *Para la dialéctica, la contradicción es lo más real.* Pero, para admitir que la contradicción pueda ser real, es preciso admitir que hay un tercer término entre el ser y la nada. Es precisamente lo que niega el clásico *principio de tercero excluido* (entre dos contradictorios no hay término medio), cuya defensa –basada en el principio de no-contradicción– nos previene contra los errores de la dialéctica.

Un argumento típico de la dialéctica hegeliana –vulgarizado por el materialismo dialéctico– estriba en el intento de mostrar que el movimiento impugna el principio de no-contradicción: «Algo se mueve no sólo porque se halla en este mismo momento aquí y en otro momento allá, sino porque en uno y el mismo momento se halla aquí y no aquí, porque en este aquí existe y no existe conjuntamente»[16]. Ya Aristóteles examinó la opinión de los que basaban su escepticismo con respecto al primer principio en el hecho de que «las contradicciones y los contrarios se dan simultáneamente»[17]. En general, esas posiciones suponen que los cambios en las cosas sensibles son un obstáculo para la verdad e insisten en que todo se mueve, aun aquello que parece estable. Sin embargo, esa absoluta movilidad no es real, ya que aun en el momento del cambio hay una verdad: ese determinado ente que cambia, en el cual hay algo del término *a quo* y del término *ad quem*. Por tanto, también el movimiento puede ser objeto de ciencia –la física– y es una realidad inteligible, de la que se pueden buscar sus principios ontológicos y sus leyes fenoménicas.

15. HEGEL: *Ciencia de la Lógica*, tomo II, p. 58 (edic. Lasson).
16. HEGEL: op. cit., tomo II, p. 59.
17. ARISTÓTELES: *Metafísica*, IV, 5, 1009a 23-24.

Del cambio incesante que observamos en la naturaleza, algunos han deducido la presencia de elementos contradictorios en el seno de las cosas, lo que permitiría la transformación de todo en todo (desde las antiguas concepciones de las cosas como compuestas de *lo lleno* –ser– y *lo vacío* –nada– hasta las explicaciones panevolucionistas y dialécticas de la naturaleza). La vía de solución metafísica a estas dificultades se encuentra en el reconocimiento de la composición de potencia y acto en el ente que cambia: «A los que así opinan les diremos que en cierto modo dicen rectamente y en cierto modo están en el error; el ente, en efecto, se dice en dos sentidos, de suerte que, en un sentido, es posible que algo llegue a ser desde el no-ente, pero en otro sentido no, y que simultáneamente una cosa sea ente y no-ente, pero no según lo mismo. Pues, en potencia, es posible que una misma cosa sea simultáneamente los contrarios, pero en acto no. Y les pediremos además que admitan que hay otra sustancia entre los entes, que no tiene en absoluto ni movimiento ni corrupción ni generación»[18].

Aristóteles advertía, además, que si se afirma que absolutamente todo se mueve, entonces se admite ya una verdad. Por otra parte, se negaría la existencia de la contradicción, pues –admitida la realidad de la contradiccción– todo se hace idéntico a todo y no hace falta que nada se mueva. No habría cambio, ni tránsito de uno a otro, sino quietud. Una paradoja semejante se puede apreciar en las concepciones dialécticas contemporáneas, en las que la convulsión acaba conduciendo a la más completa monotonía. Ya Schelling habría señalado agudamente que las «ásperas oposiciones» hegelianas se resolvían en un aburrido devenir ideal: el eterno retorno, la rueda que gira sin fin[19].

3. La objetividad del conocimiento sensible

El relativismo sensista

Como vimos en su momento, uno de los argumentos preferidos por los escépticos se basa en la pretensión de que los sentidos

18. Aristóteles: *Metafísica*, IV, 5, 1009a 29-39.
19. Schelling: *Filosofía de la Revelación* p. 106 (*Ausgewählte Werke*, Darmstadt 1966).

no nos ofrecen conocimientos ciertos y seguros. Los conocimientos sensibles serían relativos al sujeto que los tiene, ya que se observa en ellos una diversidad de juicios, motivada por las apreciaciones distintas de sujetos distintos sobre un mismo objeto, o de un mismo sujeto en momento diversos.

> Aristóteles describía así estas posturas: «El que algunos consideren verdaderas las apariencias procede de las cosas sensibles. Creen, en efecto, que la verdad no debe decidirse por la magnitud o por la pequeñez del número, y que una misma cosa a unos, al gustarla, les parece ser dulce y a otros amarga, de suerte que, si todos estuvieran enfermos o todos hubieran perdido el juicio, pero dos o tres estuvieran sanos y conservaran el juicio, parecería que éstos estaban enfermos y fuera de sus cabales, y los otros no. Y creen también que muchos de los demás animales tienen (acerca de las mismas cosas) impresiones contrarias a las nuestras, y que incluso a cada uno sus propias sensaciones no le parecen siempre las mismas. Así, pues, no está claro cuáles de éstas son verdaderas o falsas; pues no son más verdaderas unas que otras, sino igualmente. Por eso Demócrito afirma que o nada es verdadero o que, al menos para nosotros, es incierto. Y, en suma, por confundir el pensamiento con la sensación, y ésta con una alteración, afirman que lo que parece según la sensación es verdadero de necesidad»[20].

De la caracterización aristotélica se deduce que tales filósofos –que hoy llamaríamos *sensistas* o *materialistas*– estiman que todo lo sensible se puede considerar verdadero, pero no en el sentido de una adecuación con la realidad: de ahí que, en rigor, todo sea incierto. No comprenden que *la raíz del conocimiento es la inmaterialidad* y que sin ella no hay captación de la realidad, sino meras inmutaciones corporales. Porque, si bien el conocimiento sensible presupone una modificación corporal –por acontecer en potencias orgánicas–, tal inmutación no es aún el conocimiento en cuanto tal, que –por no ser un movimiento, sino una operación inmanente– no puede reducirse a la tosca e inadecuada imagen de la la influencia física del cuerpo sensible sobre el cuerpo del cognoscente.

Las doctrinas materialistas y empiristas, al no distinguir entre conocimiento intelectual y sensible, y al no reconocer la verdadera naturaleza de este último, reducen lo verdadero a la modificación corporal –espacio-temporalmente situada y, por lo tanto,

20. ARISTÓTELES: *Metafísica*, IV, 5, 1009b 1-15.

única e irrepetible– del órgano sensitivo. Todo conocimiento sería sensación, y toda sensación esencialmente contingente, relativa y, por consiguiente, incierta. Al reducirlo todo a materia, aparece la indeterminación que la materia conlleva. Sin embargo, una consideración metafísica del mundo corpóreo muestra que la materia está siempre determinada por una forma y que conocemos las cosas más por la forma que por la materia: un objeto exclusivamente material sería incognoscible; y un sujeto completamente material no podría abrirse como cognoscente a otras realidades. (Al sensismo va unida con frecuencia la idea de que lo sensible se mueve siempre y en todos los sentidos, de manera que no habría nada determinadamente verdadero).

Tal unión de un corporalismo sensista con un dinamicismo sin finalidad es una figura filosófica que aparece repetidamente en la historia del pensamiento occidental. En el último decenio ha reaparecido, especialmente entre los estructuralistas, con base en la reactualización de pensadores como Spinoza, Freud y Nietzsche, cuyos planteamientos sirven de apoyo a estas concepciones que, por lo demás, riman perfectamente con una difundida mentalidad de corte hedonista y relativista.

La realidad de las cualidades sensibles

A partir del surgimiento de la llamada «nueva ciencia», se han considerado subjetivas las cualidades, en ambientes científicos y filosóficos dominados por los planteamientos criticistas. Desde el ámbito de la física, se pensó que las *cualidades secundarias* (los *sensibles propios* de los aristotélicos) eran subjetivas; y, desde la psicología idealista, se juzgó que también lo eran las *cualidades primarias* (extensión, movimiento, etc.), con lo que se abandonó todo realismo metafísico. Y, así, Kant afirmará: «jamás podremos conocer lo que los objetos son en sí, por luminoso que sea nuestro conocimiento del fenómeno, que es lo único que nos es dado»[21]; ya que «los fenómenos no pueden existir en sí mismos, sino sólo en nosotros»[22]. Si, por ejemplo, nos preguntamos por la realidad de unas gotas de lluvia, podremos sostener que no sólo esas gotas son meros fenómenos, sino que también su figura redonda y hasta el espacio en que caen no son datos en sí, sino meras modificaciones de nuestra intuición sensible[23].

KANT: *Crítica de la Razón pura*, A 43, B 60.
Op. cit., A 42, B 59.
Op. cit., A 46, B 63.

Ya Galileo –antes que Descartes, Locke y Kant– afirmó que el calor, el sabor, los colores, etc., eran puras modificaciones del sujeto que siente: lo único real es el movimiento que, según sus distintas variedades y según los modos de ser de los sujetos sobre los que actúa, provoca la ilusión de diferentes cualidades; pero, en realidad, el órgano del sentido sólo se siente a sí mismo.

Tales afirmaciones no son de carácter científico, sino de índole filosófica y, en este caso, infundadas. La mecánica clásica podía, por abstracción homogeneizante, fijarse sólo en el movimiento; pero no le estaba metódicamente permitido reducir lo real a ese aspecto, como el desarrollo ulterior de la física ha mostrado, al privar de su presunto fundamento científico a todo mecanicismo reduccionista.

> La antropología biólogica contemporánea, por su parte, ha mostrado con cuidadosas descripciones el carácter objetivo del conocimiento sensible[24]. Uno de sus más destacados representantes, pese a las deficiencias de su antropología, Arnold Gehlen, mantiene que los objetos no se presentan sólo como causa u origen de las impresiones sensibles, sino ante todo como *cosas objetivas*, unidades autónomas y efectivamente existentes, a las que se refiere la percepción. El objeto tiene un carácter independiente y –en cierto sentido–«absoluto». Es cierto que, por ejemplo, se conocen los colores a través del dato luminoso que impresiona el órgano visual; pero en la percepción primaria no aparece para nada esa relación. Lo que capto no es el medio, por el que se me da el objeto, sino el objeto mismo, como algo que está frente a mí y es distinto de mí y de mi sensación[25].

Santo Tomás, comentando a Aristóteles, mantiene –frente a las posturas subjetivistas– que «no es lo mismo el movimiento según la cantidad que el movimiento según la cualidad o la forma. Y aunque se les conceda que el movimiento según la cantidad es continuo en las cosas, y que todas se mueven siempre insensiblemente con este movimiento, sin embargo, según la cualidad o forma no todo se mueve siempre. Y así puede haber conocimiento determinado de las cosas; porque las cosas se conocen más por su especie o forma que por su cantidad»[26]. Realmente, las cosas tienen cualidades, que inhieren en ellas como accidentes suyos y que nosotros percibimos de un modo inmaterial, de acuerdo con el

24. Cfr. A. Llano: *Para una Antropología de la objetividad*, op. cit.
25. A. Gehlen: *Der Mensch. Seine Natur und seine Stellung in der Welt*. Athenäum, Frankfurt 1966, 8ª edic., pp. 137 y 164.
26. *In IV Metaphysicorum*, lect. 13, n. 668.

objeto formal y el alcance de cada potencia sensitiva, pero no arbitrariamente; y siempre según una razón objetiva. Percibimos las cualidades de las cosas –algunas, no todas– inmediatamente, pues ellas son lo que primaria y propiamente inmuta el órgano de los sentidos; y, por medio de ellas, se captan las cantidades de modo concomitante e inmediato, pero indirecto.

La negación del alcance extrasubjetivo del conocimiento de las cualidades sensibles compromete todo realismo gnoseológico, ya que el conocimiento intelectual parte, en último término, de la captación de los sensibles propios. En el conocimiento sensible hay estabilidad y no se da en él contradicción. Por ejemplo, nunca un alimento parece a la vez dulce y amargo al gusto; y de suyo, la dulzura es siempre lo mismo. Lo que sí puede suceder –sin que esto constituya una impugnación a la totalidad del conocimiento sensible– es que, por deficiente disposición orgánica, no percibamos bien un objeto en un momento determinado.

Los sentidos externos conocen inmediatamente su objeto como algo transubjetivo: ésta es una evidencia incuestionable. Inmediatamente y sin vacilaciones sabemos que lo conocido es algo real y no nuestro propio conocimiento. El conocimiento de los sentidos externos es la intuición de un objeto físicamente presente, sin mediación de ninguna especie expresa. Como todas las facultades cognoscitivas, los sentidos externos son activos; pero no son productivos de sus objetos, sino –a este respecto– receptivos: no producen el objeto, ni según su materia, ni según su forma, ni según su presencia (como pretenden los diversos idealismos), sino que lo conocen en su realidad objetiva. Sólo producen su propia acción cognoscitiva, que es una *praxis* por la que alcanzan su objeto propio. Y esta completa transubjetividad de los objetos sensibles no es aparente, sino verdadera[27].

Los errores de los sentidos

Pero, ¿no es también incuestionable que los sentidos yerran? Respondamos, con Gilson, que «no hay que dejarse impresionar por los famosos «errores de los sentidos» ni asombrarse del enorme consumo que de ellos hacen los idealistas. Estos son gente para los que lo normal no puede ser más que un caso particular

27. Cfr. J. GREDT: *Unsere Aussenwelt. Eine Untersuchung über den gegenständliche Wert der Sinneserkenntnis.* Tyrolia, Innsbruck 1921, pp. 165-184.

de lo patológico (...) Por consiguiente, hay que considerar como errores del mismo orden los argumentos que los idealistas toman prestados de los escépticos sobre los sueños, las ilusiones de los sentidos y la locura. Hay, efectivamente, errores visuales; pero esto prueba, ante todo, que no todas nuestras percepciones visuales son ilusiones. Cuando uno sueña, no se siente diferente de cuando vela, pero cuando vela se sabe totalmente diferente de cuando sueña; sabe, incluso, que no se puede tener eso que llaman alucinaciones sin haber tenido antes sensaciones, como sabe que jamás soñaría nada sin haber estado antes despierto (...) El motivo de que estas ilusiones sean tan inquietantes para el idealista es que no sabe cómo probar que son ilusiones; pero no tienen por qué inquietar al realista, para quien sólo ellas son verdaderamente ilusiones»[28].

En una persona normal, lo habitual es la percepción adecuada, y el error sensorial es lo raro. Los sentidos, de suyo, son siempre verdaderos. Pueden equivocarse sólo *per accidens* en los sensibles comunes, y únicamente por indisposición en los sensibles propios. Santo Tomás ofrece, al respecto, la siguiente explicación: «Acerca de ciertos objetos, el juicio de los sentidos es natural, como ocurre en los sensibles propios; mientras que, acerca de otros, el juicio se verifica por cierta comparación que realiza en el hombre la facultad cogitativa, que es una potencia sensitiva, en lugar de la cual tienen los animales la estimativa natural; y así es como juzgan los sentidos acerca de los sensibles comunes y de los sensibles indirectos. Mas la operación natural de una cosa es siempre uniforme, a no ser que sea directamente impedida por un defecto intrínseco o por un obstáculo extrínseco, de donde resulta que el juicio de los sentidos es siempre verdadero acerca de los sensibles propios, a no ser que haya algún impedimento en el órgano o en el medio; pero acerca de los sensibles comunes e indirectos, el juicio de los sentidos es a veces falso»[29].

Los errores e ilusiones perceptivas, los defectos sensoriales, las alucinaciones o confusiones del sueño con la vigilia, etc., son una confirmación indirecta del realismo. Manifiestan, en efecto, la distinción entre la verdad y el error, y la posibilidad de que el sujeto –por enfermedad u otras causas– no se adecúe a lo real. Prueba de ello es que el hombre puede darse cuenta de esas deficiencias: *al rectificar el error, lo real se manifiesta en cuanto tal, como explícitamente diverso de lo aparente.*

28. GILSON: *El realismo metódico*, op. cit., p. 159.
29. *De Veritate*, q.1, a.11.

Advirtamos que la noción clásica de *sensible propio* es semejante a la moderna de *cualidad secundaria;* mientras que el concepto de *cualidad primaria* puede asimilarse al de *sensible común.* Pues bien, en este punto la tradición defiende una tesis opuesta a la del pensamiento moderno, porque mantiene que los errores se dan más en los sensibles comunes que en los sensibles propios[30]. Cuando se objeta que también en el caso de la captación de sensibles propios acontecen errores, hay que decir que tales yerros no suceden –salvo caso de lesión orgánica– en el propio sentido, sino más bien en la fantasía o imaginación, por cuya indisposición se relacionan o sintetizan de manera incongruente los datos de los sentidos externos. Así sucede, al parecer, en el caso de algunos dementes, en los que está dañado el órgano cerebral de la fantasía.

En ocasiones cabe dudar de si una sensación corresponde a un objeto físicamente presente o no, ya que la fantasía creadora puede imaginar una sensación *(sensación imaginaria).* Pero el que se encuentra en estado de vigilia y en el normal uso de su razón conoce las sensaciones de los sentidos externos como *no imaginarias,* aunque excepcionalmente pueda dudar en algún caso. De suyo, además, estas ilusiones de la fantasía no abocan a un juicio falso: sólo cuando nos dejamos llevar por la apariencia. Tampoco disminuye la fuerza de la posición realista el hecho de que, en la percepción de los objetos sensibles, no siempre se distinga claramente lo que pertenece a la sensación actual y lo que añade la imaginación fundada en experiencias anteriores. Ciertamente, puede hablarse –con Gehlen– de una «estructura simbolica de la percepción»: habitualmente percibimos una parte de los objetos y añadimos imaginativamente el resto, de acuerdo con un patrón estable que adquiere un cierto carácter simbólico; por ejemplo, divisamos la esquina de una mesa e inmediatamente añadimos el resto del esquema perceptivo correspondiente. Pero estos aditamentos de la fantasía son verdaderos si proceden realmente de experiencias previas que sean pertinentes al caso. De lo contrario, pueden ser falsas *per accidens* o dudosas. Por ejemplo, el mutilado une los dolores en el tronco con la inexistente pierna, representada por la fantasía[31].

Digamos, en definitiva, que en algunas situaciones puede ser difícil saber si esta percepción concreta es real o aparente; pero se trata siempre de casos límite (de modo semejante a como es difícil

30. *In IV Metaphysicorum,* lect. 14, n. 702; cfr. n. 693.
31. Cfr. GREDT: *Unsere Aussenwelt,* op. cit. pp. 237 ss.

distinguir a veces si este viviente es animal o vegetal). Hay, en todo caso, unos criterios naturales de discernimiento: cada sentido juzga mejor de sus sensibles propios que de los comunes y de los propios de los demás sentidos; sienten adecuadamente los sujetos que están sanos; cuando se está despierto, se distingue lo que es sueño de lo que es real, etc.

4. EXAMEN DEL RELATIVISMO

De los argumentos escépticos, el de la relatividad del conocimiento –tercero de los que antes se expusieron– es quizá el más profundo. Aunque su difusión popular –el consabido «todo es relativo»– haya acontecido en este siglo, estaba ya formulado por los primeros escépticos y sofistas. *El relativismo es sobre todo un antropocentrismo,* que podría quedar expresado en la famosa sentencia de Protágoras: «el hombre es la medida de todas las cosas». Ya hemos insistido en que no es éste el caso.

La crítica de Husserl

Si el relativismo ha ganado demasiados seguidores entre nuestros contemporáneos, también ha encontrado críticos implacables. Para Husserl, el *relativismo individual* –el que afirma que es verdadero para cada uno lo que *le* parece verdadero– *es una teoría que está refutada tan pronto como queda formulada:* es un auténtico contrasentido, porque el sentido de sus afirmaciones niega lo que implica el sentido de toda afirmación[32], es decir, que lo que se afirma es en sí mismo verdadero.

Pero también el *relativismo específico* –y, en particular, el *antropocentrismo*– es una teoría gravada con los mayores absurdos que puedan concebirse en una teoría. Es igualmente un contrasentido, porque –según ella– una misma proposición puede ser verdadera para un sujeto de la especie *homo* y falsa para un sujeto de una especie distinta. Pero una misma proposición no puede ser ambas cosas, verdadera y falsa. Esto se funda en el simple sentido de las palabras «verdadero» y «falso», según el cual es justamente

32. E. HUSSERL: *Investigaciones lógicas,* op. cit., tomo I, pp. 144-146.

un contrasentido hablar de una verdad *para* éste o aquel individuo, o *para* ésta o aquella especie. «Lo que es verdadero es absolutamente verdadero, es verdadero (en sí). La verdad es una e idéntica, sean hombres u otros seres no humanos, ángeles o dioses, los que la aprehendan por el juicio»[33].

La crítica de Frege

Gottlob Frege, que anticipó la crítica de Husserl al psicologismo antropocéntrico, se enfrentó vigorosamente con el sensismo materialista que está detrás del relativismo. Merece la pena reproducir algo de lo que dice en la *Introducción* a sus *Fundamentos de la Aritmética* (1884): «Hay que recordar, según parece, que una proposición no deja de ser verdadera cuando yo dejo de pensar en ella, así como el sol no se aniquila cuando yo cierro los ojos. En caso contrario, llegaremos a considerar necesario que, en la demostración del teorema de Pitágoras, se tenga en cuenta el fósforo que contiene nuestro cerebro; y los astrónomos vacilarán en extender sus conclusiones a épocas remotas, para que no se les objete: «tú calculas 2 × 2 = 4; pero la representación del número tiene una evolución, una historia. Se puede dudar si en aquel tiempo se había ya progresado tanto. ¿Cómo sabes tú que en esa época remota esa proposición ya era válida? ¿No podrían haber tenido los seres entonces vivientes la proposición 2 × 2 = 5, de la cual sólo por selección natural en la lucha por la existencia se desarrolló la proposición 2 × 2 = 4, que por su parte quizá esté destinada a progresar, por el mismo camino, hasta 2 × 2 = 3?» (...) Si en el flujo permanente de todas las cosas no permaneciera nada firme, eterno, desaparecería la inteligibilidad del mundo y todo se precipitaría en la confusión. Algunos piensan, según parece, que los conceptos se originan en la mente individual como las hojas en los árboles, y creen que pueden conocer su esencia investigando su surgimiento y tratando de explicarlo psicológicamente a partir de la naturaleza de la mente humana. Pero esta concepción aboca todo a lo subjetivo y, si se prosigue hasta el final, suprime la verdad»[34].

33. HUSSERL: op. cit., pp. 146-148.
34. G. FREGE: *Fundamentos de la Aritmética*, op. cit., pp. 17-18.

Relativismo y sensismo

Examinemos con mayor detenimiento este engarce entre el relativismo gnoseológico y el sensismo materialista. Si el conocimiento se reduce a la inmutación corporal, entonces todo lo que aparece se puede considerar, indistintamente, como verdadero o falso. Porque, si se confrontan las percepciones de diversos sujetos, resulta que el mismo objeto es diferente para cada uno, con lo que hay que concluir que dicho objeto *es y no es* simultáneamente el mismo (lo que es *así* para mí, es *no-así* para tí). De esta suerte, la afirmación de que «todo lo que aparece es verdadero» ha conducido a los relativistas a sostener la realidad de la contradicción, dada la diversidad de opiniones humanas.

En su discusión con Protágoras, Aristóteles advierte que «si no todas las cosas son relativas, sino que también hay algunas que existen en sí mismas, no puede ser verdadero todo lo aparente; pues lo aparente es aparente para alguien; de modo que el que dice que todas las cosas aparentes son verdaderas, convierte todos los entes en relativos»[35].

En efecto: si no se establece que todo es relativo, no se puede decir que todo lo aparente sea verdadero. Pues si hay cosas que tienen un ser absoluto (y no por relación al sentido u opinión), en ellas no será lo mismo el ser que el aparecer, pues el aparecer dice relación al sentido u opinión, ya que aparece ante alguien[36].

Frente a estos sofistas, Aristóteles argumenta *ad hominem,* haciendo notar que –en todo caso– el relativismo debería formularse de modo más restringido: «No se debe decir que lo que aparece es, sino que es lo que aparece a aquél a quien aparece y cuando aparece y en cuanto y como aparece. Y si aceptan razonar pero no razonan así, pronto caerán en contradicción consigo mismos. Pues cabe que una misma cosa según la vista parezca miel, mas por el gusto no y, siendo dos los ojos –si son desiguales–, que no parezca la misma cosa a una u otra visión»[37]. Llevada hasta sus últimas consecuencias, la postura relativista resulta insostenible.

Pero también se puede resistir a los relativistas argumentando, no sólo *ad hominem*, sino *secundum veritatem,* es decir, no

35. ARISTÓTELES: *Metafísica,* IV, 6, 1011a 17-20.
36. *In IV Metaphysicorum,* lect. 15, n. 712.
37. ARISTÓTELES: *Metafísica.* IV, 6, 1011a 22-28.

concediendo la tesis falsa de la que ellos parten. Porque, como se ha dicho ya, si todo lo aparente es verdadero, es necesario hacerlo todo relativo al sentido y a la opinión. Y de aquí se sigue que nada sería cuando nadie lo siente o lo piensa. Lo cual es manifiestamente falso, porque hay muchas cosas que existen realmente sin que nadie las perciba u opine sobre ellas, como las que están en el fondo del mar o en las entrañas de la tierra. Por lo tanto, no todas las cosas son relativas al conocimiento[38].

De aceptar la tesis relativista, ningún ente sería si no fuera sensible en acto. En una línea idealista, próxima a Berkeley (1685-1753), se mantendría que ser es ser percibido *(esse est percipi)*. Sólo existirían las cosas sentidas por los hombres u otros seres cognoscentes y toda la realidad sería (como el sensible en acto) un acto del que siente. En último término, el sentido se sentiría a sí mismo. Pero lo cierto es que esto es imposible, porque la vista, por ejemplo, no se ve a sí misma, sino que ve el color.

Tampoco sería adecuado decir que lo sensible y el sentido son correlativos, en una suerte de coimplicación sujeto-objeto, de tal modo que si se quitara uno desaparecería también el otro. Algo semejante se mantiene en la dialéctica marxista de la conciencia sensible, según la cual la materia se define por su relación al sentido y el sentido por su relación con la materia. En otra línea, el concepto heideggeriano de «ser en el mundo» propone una estructura unitaria en la que el existente humano es siempre ya en el mundo y el propio mundo es una dimensión del modo de ser del hombre. En realidad, no hay correlación, sino relación unilateral, porque el sentido se refiere a lo sensible y no a la inversa: el objeto sensible no queda constituido en la sensación, ni a él le ocurre realmente nada por ser sentido. La objetividad no está anclada en la subjetividad, sino en la realidad. El ser de lo percibido es independiente de su percepción: el *ser* no se reduce a *ser para el hombre*.

38. *In IV Metaphysicorum*, lect. 15, n. 716

CAPÍTULO V

IDEALISMO Y REALISMO

1. EL PRINCIPIO DE INMANENCIA

En este capítulo se considerará el sesgo que la gnoseología adquiere en amplios sectores de la filosofía moderna y contemporánea, y que –en un sentido muy amplio– encuadramos bajo la rúbrica «idealismo». El signo capital de esta andadura es *la consideración del pensar como fundamento del ser,* con lo que se invierte el planteamiento realista, para el que el conocimiento se funda en el ser.

Se trata de un enfoque esencialmente *criticista,* en el que se problematiza de raíz la capacidad humana para alcanzar la realidad tal como es en sí misma. Ya sabemos que no se puede establecer una equiparación entre filosofía antigua y realismo, porque el escepticismo clásico realizó también una aguda crítica del conocimiento. Tampoco cabe pensar que toda la filosofía moderna es idealista, entre otras cosas porque ni su contenido constituye un bloque homogéneo, ni su secuencia histórica un despliegue necesario. Con todo, la actitud gnoseológica a la que nos referimos ahora es característica de los tiempos nuevos. No se trata de una postura simplemente relativista o escéptica. Porque se pretende elaborar una filosofía –y, en general, un saber humano– que quede completamente al amparo de toda ambigüedad o duda, gracias al estricto control que sobre él debe ejercer el sujeto humano. Consideran estos pensadores que la actitud del que espera que su mente sea medida por la realidad es ingenua y «dogmática»; es preciso comenzar una nueva y definitiva singladura del pensar, en la que el sujeto se dé a sí mismo sus propias reglas. Sólo este ideal de *autonomía* es digno de una humanidad madura. En este proceso, la razón va rechazando todo condicionamiento externo y pretende bastarse con lo que en sí misma encuentra.

Trascendencia e inmanencia

La postura que se acaba de esbozar equivale a rechazar la *trascendencia* y atenerse exclusivamente al ámbito de la *inmanencia.* Aclaremos, primeramente, qué significan estos términos.

El sentido más inmediato y elemental de la voz «trascendencia» se refiere a una metáfora espacial. Trascender (de *trans,* más allá, y *scando,* escalar) significa pasar de un ámbito a otro, atravesando el límite que los separa. Desde un punto de vista filosófico, el concepto de trascendencia incluye además la idea de superación o superioridad. Trascender equivale a «sobresalir» de un ámbito determinado, superando su limitación o clausura.

El concepto simétrico al de «trascendencia» es el de «inmanencia», que significa «permanecer en» sí mismo. Pero admitir la trascendencia no elimina la inmanencia, sino que la supera abriéndola. La psicología filosófica nos enseña, justamente, que los únicos seres capaces de trascender –los cognoscentes– son aquéllos que tienen operaciones inmanentes. Por el contrario, el «inmanentismo» o «idealismo» es aquella doctrina filosófica en la que no se entiende cómo las operaciones inmanentes pueden alcanzar un objeto trascendente.

Es preciso diferenciar las dos principales vertientes en que se plantea el problema de la trascendencia: la ontológica y la gnoseológica. La cuestión de la *trascendencia gnoseológica* se refiere al problema de si es posible conocer realidades distintas a las de nuestra propia conciencia y sus representaciones; lo trascendente es aquí lo *extrasubjetivo.* La *trascendencia ontológica,* por su parte, apunta al tema de la existencia de realidades que superen los datos fácticos de la experiencia empírica y, sobre todo, a la existencia de Dios como Ser absolutamente trascendente; lo trascendente es aquí lo *supramundano.* La historia de la filosofía indica que ambas cuestiones están internamente ligadas, aunque esta conexión admita modalidades muy diversas. En último término –aunque no siempre de modo directo e inmediato–, el rechazo de la trascendencia gnoseológica cierra el camino hacia la admisión de una auténtica trascendencia ontológica.

Los argumentos del idealismo

En un primer acercamiento, entendemos por *idealismo* la negación de la trascendencia gnoseológica: es, por lo tanto, un *inmanentismo* cognoscitivo.

Tal como lo establecen los idealistas, el problema de la trascendencia gnoseológica podría quedar planteado en los siguientes términos:

¿Qué fundamento tenemos para afirmar que nuestra conciencia sale «fuera» de sus límites y conoce una realidad exterior a ella? Porque no se puede negar que lo conocido es, en cuanto tal, algo inmanente al conocimiento; conocer, en efecto, supone una captación y asimilación de lo conocido por parte del cognoscente. ¿Tenemos, entonces, derecho de sostener que el objeto conocido posee otro modo de ser distinto y «además» del que tiene en cuanto que es conocido? Las gnoseologías idealistas dan una respuesta negativa a estos interrogantes. Sostienen que la mente humana no alcanza otro objeto inmediato que sus propias representaciones, únicas «realidades» que puede conocer; porque nuestra inteligencia no puede habérselas más que con ideas, y nuestra sensibilidad con fenómenos o apariencias empíricas. Y basan esta tesis en argumentaciones de un tenor semejante a éste: en cualquier esfuerzo que se haga por conocer algo distinto de la conciencia, esa supuesta realidad trascendente permanecería –al ser conocida– «dentro» de la misma conciencia.

Sabemos ya que incluso la manera de plantear el problema no es procedente; es más, la cuestión de la trascendencia gnoseológica sólo constituye un auténtico problema para el criticismo, mientras que para la actitud natural la aceptación de la realidad extrasubjetiva se basa en una evidencia inmediata. Por otra parte, *el razonamiento de los idealistas se apoya en una extrapolación.* Porque cabe aceptar –ya que es cierto– que el objeto del acto de conocimiento es, en tanto que objeto de ese acto, algo inmanente al conocimiento y negar, sin embargo, que la realidad de lo conocido se agote en «estar siendo objeto del conocimiento». No es, en modo alguno, una *contradictio in terminis* conocer algo como existente fuera del conocimiento. Solamente sería contradictorio pensar que algo conocido, en cuanto tal, fuera totalmente trascendente al que lo conoce. Pero nada impide –al contrario, lo exige la naturaleza del conocimiento– que, «además» de ser conocido, el objeto tenga una realidad propia; que sea de suyo un ente independiente del conocimiento humano. Lo conocido «está» en la mente sólo en tanto que es conocido, pero –si hay verdadero conocimiento– tiene que conocerse una cosa real.

Ilustremos esta discusión con un ejemplo contemporáneo. Hace cosa de un siglo el filósofo norteamericano Charles Sanders Peirce (1839-1914) –que era pragmatista a fuer de idealista– formuló el *principio de inmanencia* en los siguientes términos: «Si se me pregunta si existen realidades que son enteramente independientes del pensamiento, yo preguntaría a mi vez qué significa y qué puede significar tal expresión. ¿Qué idea se puede aplicar a aquello de lo que no hay idea? Porque si hay una idea de tal realidad, estamos hablando del objeto de tal idea, que no es independiente del pensamiento. Es patente que está por completo fuera del poder de la mente el tener una idea de algo que es enteramente independiente del pensamiento; para conseguirlo, esta idea tendría que sacarse a sí misma fuera de sí misma. Y, como no hay tal idea, la mencionada expresión no tiene significado»[1]. Un sucesor de Peirce en la Universidad de Harvard, Hilary Putnam, ha replicado así a esa argumentación: No es lo mismo estar *representado* en un concepto que *ser* un concepto. Para que algo sea concebible ha de ser, como es obvio, representable en un concepto, pero no tiene por qué ser un concepto. No hay contradicción alguna en admitir que hay cosas que no son conceptos y en hablar sobre ellas. No se está, entonces, pretendiendo concebir lo inconcebible, sino sólo conceptualizar lo no-mental[2]. (La postura de Putnam es, por lo demás, representativa de la orientación realista adoptada por buena parte de la filosofía actual).

Esencial y originariamente, el *principio de inmanencia* consiste en la negación de la trascendencia del ser respecto de la conciencia (sea ésta individual o social, espiritual o sensible, estructural o histórica). El ser se constituirá desde la inmanencia del sujeto pensante.

En la *metafísica realista,* el ser es el acto radical del ente, principio de su autoposición. El acto de ser es, en cada ente, principio interno de su realidad y de su cognoscibilidad, fundamento –por tanto– del acto de conocimiento. Aquí se considera el conocimiento como un modo –el más alto, por cierto– de ser; pero no se considera el ser como un elemento o dimensión del conocimiento.

1. Ch. S. PEIRCE: *The Logic of 1873.* En «Collected Papers». Edic. de A.W. Burks. Harvard University Press, Cambridge 1965-1966, tomo II, p. 211.
2. H. PUTNAM: *Mind, Language and Reality.* Harvard University Press, Cambridge 1975, p. 273.

En cambio, el *idealismo* considera el ente (conocido) como una cierta actuación del conocimiento. Desde esta perspectiva, el ser es una posición del pensar. El ser (o lo que –como tal– pueda tener significación para el hombre) es puesto por la conciencia, es su resultado, su efecto; y, por tanto, no la trasciende: pertenece a la conciencia. Además, por tratarse de un planteamiento criticista, cualquier nivel de fundamentación subjetiva alcanzado puede ser objeto de una ulterior fundamentación supuestamente más radical: la conciencia cognoscitiva puede resolverse –a su vez– en la praxis social, en la historia, en el lenguaje... Este regresivo movimiento en la línea de reflexión –en el que acaban por perderse de vista las cosas mismas– constituye una de las vías más características del desarrollo del principio de inmanencia.

El idealismo y la metafísica

Bajo la amplia rúbrica «idealismo» o «inmanentismo» se encuadran sistemas y planteamientos que son –al menos, aparentemente– muy diversos entre sí. Es más, ninguno de ellos queda exclusivamente caracterizado por el rechazo de la trascendencia gnoseológica, porque suelen presentar un desarrollo complejo e incluso sofisticado. Pero –sin simplificar en exceso y sin perder de vista las diferencias– se pueden buscar principios inspiradores comunes y descubrir conexiones de secuencia histórica.

El idealismo no es sólo una doctrina gnoseológica, sino que incluye posiciones metafísicas contrapuestas a la metafísica del ser. Por lo tanto, el polo opuesto al idealismo –entendido en profundidad– no es sólo el realismo, sino la metafísica del ser. Esto explica que haya inmanentismos que defiendan tesis gnoseológicas aparentemente realistas, aunque no pocas veces se queden en empiristas o materialistas.

Lo que discrimina a ambas posturas es esencialmente una cuestión de fundación. La metafísica realista sostiene que el ser funda la verdad del pensamiento. El inmanentismo idealista, por el contrario, establece que el fundamento del ser se enclava en la conciencia.

El inmanentismo es siempre –de una u otra forma– un humanismo radicalizado, un antropocentrismo, que acaba desembocando en un antihumanismo práctico e incluso teórico. Al situar al hombre como fundamento original, la trascendencia –la gnoseológica primero y la ontológica después– queda marginada, debilitada y, en último término, eliminada. Esta negación de la trascendencia se ha articulado de diferentes maneras y se ha mantenido dentro de diversos límites. Como hemos visto en el capítulo anterior, hay ya elementos inmanentistas en los albores de la filosofía occidental; pero no poseen aún un carácter fundante y constructivo. Para verlo surgir con todo su alcance, habrá que esperar a la *crisis moderna,* cuyo inicio se puede situar en el nominalismo occamista. El *cogito* cartesiano y el «yo pienso en general» de Kant constituirán las formulaciones más características del planteamiento moderno, a las que se referirán, de un modo u otro, las demás.

La metafísica del ser parte del ente como la primera noción intelectual, que expresa lo que es real por tener el acto de ser. El idealismo en cambio, despoja al ente de su condición de *primum cognitum,* y al ser de su carácter de acto de todo acto y de toda perfección. Empieza en la inmanencia de la conciencia a sí misma y trata de hacer de ella la verdad primera, la acción y la perfección suma.

> Sartre (1905-1980) expresa esta posición con gran nitidez: «Nuestro punto de partida es, en efecto, la subjetividad del individuo, y esto por razones estrictamente filosóficas (...) No puede haber, en el punto de partida, otra verdad que ésta: *pienso, luego existo:* ahí está la verdad absoluta de la conciencia aprehendiéndose a sí misma. Toda teoría que toma al hombre fuera de ese momento en el que él se aprehende a sí mismo, es en primer lugar una teoría que suprime la verdad, porque, fuera de un *cogito* cartesiano, todos los objetos son solamente probables; y una doctrina de probabilidades, que no depende de una verdad, se hunde en la nada. Por tanto, para que haya una verdad cualquiera, es necesaria una verdad absoluta; y esta verdad es simple, fácil de aprender, está al alcance de todo el mundo: consiste en cogerse a sí mismo sin intermediarios»[3].

El inmanentismo aspira a la perfecta identidad del sujeto consigo mismo, mientras que la metafísica del ser comienza con el conocimiento del ente y el principio de no-contradicción en el arranque de sus juicios, como exigencia del carácter finito de la realidad de la que parte.

La posibilidad del idealismo y sus consecuencias

El idealismo es posible y explicable porque «el hecho de ser yo quien conoce, el hecho de que el hombre sea, por su intelecto,

3. J. P. SARTRE: *L'existencialisme est un humanisme.* Nagel, París 1964, pp. 63-64. Cfr. CARDONA *Metafísica de la opción intelectual,* op. cit., pp. 88-89.

según la clásica expresión, *quodammodo omnia*, en cierto modo todas las cosas, puesto que, al conocerlas, el acto de lo conocido en cuanto tal y el acto del cognoscente en cuanto tal se identifican en un solo y mismo acto vital de conocimiento; ese hecho, digo, ofrece otra posibilidad: todo lo que existe, existe en mí y por mí, yo me revelo como la totalidad inclusiva en la que y por la que toda cosa existe (por supuesto, sólo en cuanto conocida)»[4]. Todo lo que es puede caer de algún modo bajo la visión intelectual del hombre. De ahí que, *para él*, hay una cierta convertibilidad entre lo que es y lo que él conoce. En términos más gráficos, podríamos decir que puede considerarse la esfera del conocimiento tan amplia como la del ser y acabar por sustituir ésta por aquélla. El idealismo es posible porque el hombre está intencionalmente abierto a toda la realidad.

Así se explica que el idealismo constituya una especie de «tentación racional», por el carácter totalizante de la concepción que pretende ofrecer. Al menos en un primer momento, el idealismo parece una actitud más científica y rigurosa, ya que pretende alcanzar una completa transparencia del conocimiento –y, en general, de todo el actuar humano– ante sí mismo, no dejando nada oscuro o incompleto en el proceder discursivo. Constituye, además, una tentación de poder, de desvinculación y autonomía absoluta, de *liberación*, porque el sujeto ya no acepta nada impuesto, sino que todo pretende dominarlo, para convertirse –según el ideal cartesiano– en «dueño y posesor de la naturaleza». Exalta, por tanto, el poder de la razón, en cuanto que el conocer se presenta como un acto creador o, al menos, productor. Con ello, el hombre no acepta el puesto que le corresponde en la realidad, sino que reivindica activamente para sí un papel que sólo es propio de Dios. De aquí que el idealismo no sea, ni histórica ni individualmente, una actitud natural o espontánea (como es el realismo), sino buscada y querida.

La actitud de poner entre paréntesis la realidad propia de los entes y de empezar con una total reversión sobre sí mismo, dificulta –cuando no cierra– el camino hacia la verdadera trascendencia: hacia una trascendencia que lo sea realmente, y no una mera proyección del yo pensante. Es lógico, también, que suscite una radical hostilidad hacia todo lo *recibido*, hacia lo que se me impone con la fuerza de lo real o gratuitamente se me otorga, sin que tenga yo que inventarlo o producirlo. Desde el punto de vista de la metafísica del ser, se comprende que, si se va radicalizando esta

4. CARDONA: *Metafísica de la opción intelectual*, op. cit., pp.90-91.

posición, conduzca sucesivamente al «olvido del ser», a la «muerte de Dios» y «a la muerte del hombre»: al nihilismo.

Pero el idealismo no siempre es una especie de «castillo de irás y no volverás». Porque no han faltado –ni faltan– numerosos intentos de retorno al ser, de «vuelta a las cosas mismas». El valor de estas tentativas es muy desigual. En los casos en los que no se abandona el planteamiento inmanentista, la suerte está echada de antemano: tales intentos son inconcluyentes, porque su punto de partida y su método son inadecuados para alcanzar la trascendencia gnoseológica e incluso la trascendencia ontológica. Pero, en otras ocasiones, la revisión y autocrítica de las posiciones idealistas ha conducido a la recuperación de la perspectiva realista. La filosofía más reciente –tanto fenomenológica como analítica– es, en buena parte, un exponente de que esta rectificación es posible; lo cual explica el inesperado fenómeno de un interés renovado por la metafísica realista por parte de líneas de pensamiento con genealogía idealista[5].

2. Formas de idealismo

Una descripción completa de las diversas modalidades que ha adquirido el idealismo exigiría realizar un amplio recorrido por casi toda la historia del pensamiento moderno y contemporáneo. Porque sucede que buena parte de la filosofía postcartesiana se atiene básicamente al principio de inmanencia[6]. En planteamientos tan aparentemente opuestos al idealismo como son los del empirismo, del materialismo dialéctico o del existencialismo, se puede descubrir –en efecto– que el punto de partida es la inmanencia de la conciencia humana y que en ellos no se alcanza una auténtica trascendencia.

Pero nuestra presente tarea no es la de hacer historia del pensamiento, ni debemos sobrepasar el ámbito temático de la gnoseología. Por ello nos limitaremos a presentar –a título de ilustración– las dos formas más características e influyentes del idealismo moderno: el idealismo crítico de Kant y el idealismo absoluto de Hegel. Por lo demás, estos sistemas contienen –en síntesis o en germen– las otras principales variantes que el idealismo ha ofrecido en los tres últimos siglos.

5. Cfr A. Llano: *Filosofía trascendental y Filosofía analítica (Transformación de la Metafísica)*. «Anuario Filosófico», XII, 1 y 2, 1980.

6. Vid. C. Fabro: *Introduzione all'ateismo moderno*. Studium, Roma 1969, 2ª edic. revisada y aumentada; Cardona: *Metafísica de la opción intelectual*, op. cit.

A. *El idealismo crítico*

El método kantiano

Lo que hace de Immanuel Kant (1724-1804) un decisivo punto de referencia del idealismo moderno es su hallazgo de un método completo y autosuficiente –la *reflexión trascendental*– que sustituya el proceder de la antigua metafísica. La crítica del conocimiento sustituye a la metafísica como ciencia fundamental, e incluso pretende constituirse como el modelo de «toda la metafísica que quiera presentarse como ciencia». Kant procede, entonces, a la reelaboración de los principales conceptos filosóficos, según una versión gnoseológica y antropocéntrica.

Su *filosofía crítica* ya no es una neutral especulación, que pretendiera reflejar la realidad de lo trascendente, sino un quehacer comprometido e «interesado» en la activa consecución teórica y práctica de los *fines de la razón:* la autónoma realización del hombre en el conocimiento del mundo y en una praxis moral que ya no reconoce instancias normativas transubjetivas[7].

Para Kant, el punto de partida de la *reflexión trascendental* –que es un «autoconocimiento de la razón»– no puede ser otro que los datos de experiencia, tal como en nuestra conciencia aparecen. Pero, si bien todo el conocimiento humano comienza por la experiencia, no se puede sostener que todo él proceda de la experiencia[8]. Porque la experiencia sensible es singular, contingente, y no puede ofrecernos la universalidad y la necesidad que la ciencia exige[9]. Es importante advertir al respecto que Kant parte de un hecho histórico-cultural que considera incuestionable: el rigor y la fecundidad de la físico-matemática newtoniana, de cuyos principios es preciso dar una explicación gnoseológica.

7. Vid. LLANO: *Fenómeno y trascendencia en Kant*, op. cit., p. 27; LLANO: «Kant», en G.E.R., tomo XII, pp. 723 ss.

8. KANT: *Crítica de la Razón pura*, B 1.

9. De esta forma Kant se separa desde un comienzo de los planteamientos *empiristas*, que se atienen exclusivamente a la intuición sensible. Porque ya Locke (1632-1704) reduce la inteligencia a reflexión sobre las sensaciones. Berkeley (1685-1753), por su parte, mantiene que todo es representación de la conciencia sensible, con lo que ofrece un modelo típico de idealismo sensista: *esse est percipi*. Y Hume (1711-1776) lleva este enfoque a sus más radicales consecuencias, al defender que las *ideas* se derivan exclusivamente de las *impresiones*, con lo que los conceptos generales se remiten a un término particular subjetivo.

Los juicios sintéticos a priori

Con este fin, en la *Introducción* a la *Crítica de la Razón pura* comienza Kant por examinar la distinción de los juicios en *analíticos* y *sintéticos*. Los *juicios analíticos* reposan sobre el principio de no-contradicción; en ellos, el predicado se limita a explicitar al sujeto, en el cual se hallaba ya precontenido; estos juicios *a priori* –es decir, anteriores a toda experiencia– son universales y necesarios, pero no amplían nuestro conocimiento y, por lo tanto, no engendran ciencia. En los *juicios sintéticos,* por el contrario, el predicado no está contenido en el sujeto; son, en principio, juicios *a posteriori,* derivados de la experiencia: aunque amplían nuestro conocimiento, su carácter particular y contingente no los hace idóneos para ser los elementos del conocimiento científico. Pero sucede que algunos juicios sintéticos (p. ej.: «todos los cuerpos son pesados») expresan una propiedad universal necesaria de los fenómenos naturales; y como el puro dato *a posteriori* –por más que se repita– no puede justificar la universalidad y necesidad, resulta que nos vemos obligados a admitir la existencia de *juicios sintéticos a priori,* que son precisamente los que integran el conocimiento científico. Tal suerte de juicios se encuentra, efectivamente, en las ciencias matemáticas (geometría y aritmética), en las ciencias físicas, y parece que debería hallarse también en la metafísica, si es que ésta quiere presentarse como una ciencia que hace avanzar rigurosamente nuestro conocimiento. Quedan, entonces, planteadas las siguientes preguntas fundamentales: ¿cómo son posibles los *juicios sintéticos a priori* en las matemáticas?; ¿y en la física?; ¿son, acaso, posibles en la metafísica? A estos interrogantes responden, respectivamente, tres partes de la *Crítica de la Razón pura:* la *Estética trascendental,* la *Analítica trascendental* y la *Dialéctica trascendental.*

La Estética trascendental

En la *Estética trascendental,* desarrolla Kant una teoría de la sensibilidad y del fenómeno empírico, concebido como el objeto indeterminado de una intuicion empírica. La *materia del fenómeno* es la sensación, reacción subjetiva de la conciencia ante la afección sensible. Esta materia de los fenómenos nos es dada *a posteriori*, ya que procede de la realidad exterior, cuya existencia Kant tiene de algún modo que admitir como origen de los datos empíricos recibidos pasivamente por la sensibilidad; su característica primordial es la multiplicidad, porque los datos provienen de estímulos diversos. Las *formas del fenómeno* –el espacio y el tiempo– son, en cambio, las estructuras unificadoras y ordenadoras de las intuiciones empíricas. El *espacio* y el *tiempo* son las condiciones de posibilidad de los fenómenos empíricos. Estas formas *a priori* o *puras* están impuestas a los fenómenos por la naturaleza de nuestra sensibilidad: el espacio es la forma de las intuiciones de los sentidos externos y el tiempo es la forma de las intuiciones de los sentidos internos. Como formas de todos los fenómenos, el espacio y el tiempo son universales y necesarios; de aquí que sean posibles juicios científicos –sintéticos *a priori*– en la geometría (construida sobre la pura forma espacial) y en la aritmética (edificada sobre puras estructuras temporales).

El carácter subjetivo del espacio y el tiempo lleva consigo la *idealidad trascendental* –distinta de la idealidad empírica de Berkeley– del fenómeno. Lo que llamamos «objetos exteriores» no son otra cosa, según Kant, que meras representaciones de nuestra sensibilidad. ¿Qué son los objetos en sí y separados de esa receptividad espacio-temporal de nuestra sensibilidad? «En modo alguno podemos saberlo»[10]. Pero esto no impide –más bien, exige– que los fenómenos tengan *realidad empírica:* no son meras apariencias, sino objetos efectivamente dados en la experiencia. El kantismo se configura así como un *idealismo trascendental* que es, inseparablemente, un *realismo empírico:* se trata de un *idealismo formal,* urdido en función de la ciencia natural.

La Analítica trascendental

En la *Analítica trascendental* se considera la problemática de la objetividad científica, examinando reflexivamente las condiciones bajo las que el fenómeno sensible deviene –en nuestro entendimiento– un «algo» estable y unitario, un objeto físico cabalmente conocido. Porque, para Kant, sólo en el nivel intelectual se alcanza una estricta objetividad, una universal validez.

10. KANT: *Crítica de la Razón pura,* A 42, B 59.

Para fundamentar la objetividad científica, Kant no acepta ninguna de las soluciones que le ofrece la filosofía del pasado. Frente al racionalismo dogmático de origen cartesiano, no admite que nuestra mente esté dotada de ideas innatas[11]. Pero tampoco concede a la tradición aristotélica que nuestra mente sea capaz de iluminar en los fenómenos sensibles dimensiones supraempíricas, es decir, abstraer conceptos universales de particulares experiencias. Por último, estima que el empirismo, al negar el carácter intelectual de los conceptos, aboca en un escepticismo que disuelve la ciencia. Kant busca un camino que será, precisamente, el que mejor concuerde con un planteamiento inmanentista. Su aportación decisiva consiste en haber potenciado la subjetividad humana hasta convertirla en *subjetividad trascendental:* una subjetividad supraindividual, intersubjetiva, epistemológica, normativa, fundante de la objetividad científica.

El concepto clave de la *Analítica* será, precisamente, el de *sujeto trascendental.* Por «trascendental» entiende Kant todo conocimiento que se ocupa, no tanto de los objetos, sino de nuestro modo de conocerlos, en cuanto que éste debe ser posible *a priori*[12]. Es la *espontaneidad* de nuestro entendimiento la que sintetiza y confiere objetividad conceptual a los fenómenos empíricos, que sólo poseían una estructuración espacio-temporal. El fundamento del conocimiento científico –y de los propios objetos de tal conocimiento– debe buscarse, por tanto, en los principios formales *a priori* del *entendimiento.* Esta facultad unifica y determina los fenómenos sensibles, formalizándolos según la estructura de nuestros juicios. La clasificación de los juicios es precisamente el hilo conductor para la deducción de la tabla de las *categorías.* Las categorías kantianas son los conceptos-raíces, los modos fundamentales bajo los que se verifica la *síntesis* de los fenómenos: son las «formas de una experiencia en general».

A través de las *categorías* o conceptos puros, se realiza una síntesis unificante de los fenómenos en torno al *yo trascendental,* que culmina en la *apercepción trascendental,* como función intelectual por la que se refieren a la conciencia del «yo pienso» todas

11. En el racionalismo, el único procedimiento para alcanzar la ciencia es la intuición intelectual, desvinculada del conocer sensible. Los objetos inteligibles tienen que aparecer en la inmediatez de la conciencia como *ideas innatas,* cuya autenticidad viene garantizada por el criterio cartesiano de la *claridad* y *distinción.* A partir de tales ideas, la filosofía se despliega enteramente *a priori,* según un orden geométrico. Como afirmaba Spinoza (1632-1677), «el orden y conexión de las ideas es idéntico al orden y conexión de las cosas».

12. KANT: *Crítica de la Razón pura,* B 25.

las percepciones. Pero ¿cómo es que esas formas *a priori* del sujeto trascendental son válidas para el conocimiento de los objetos? Precisamente –ha de responder Kant– porque estas formas subjetivas son las condiciones y el fundamento de todo conocimiento: «Las condiciones de la *posibilidad de la experiencia* en general son, al mismo tiempo, condiciones de la *posibilidad de los objetos de la experiencia* y tienen por ello validez objetiva en un juicio sintético *a priori*»[13]. Así pues, según Kant, es el entendimiento el que impone sus condiciones al fenómeno sensible, y no a la inversa. En esto estriba precisamente la *revolución copernicana* que Kant realizó: en lugar de que sea el sujeto el que gire en torno a los objetos, han de ser éstos los que giren alrededor del yo pensante. En términos más amplios, se trata de *un traslado del fundamento desde el ser hasta el pensar:* ahora es el pensar el que funda al ser.

Tal es la línea argumental de la *Deducción trascendental de las categorías,* en la que se pretende demostrar que es posible –con validez objetiva– una síntesis *a priori* de lo *a posteriori,* gracias a la cual se justifica la existencia de juicios sintéticos *a priori* en la ciencia física. Para Kant, la naturaleza no es más que un conjunto formalizado de fenómenos, cuyas leyes generales no vienen dadas por las estructuras de las cosas, tal como son en sí mismas, sino que es el entendimiento el que las prescribe a la naturaleza. Somos nosotros, dice Kant, los que introducimos el *orden* y *regularidad* en los fenómenos naturales, y no podríamos encontrarlas si no hubieran sido puestas allí originariamente por la naturaleza de nuestro espíritu[14].

El conocimiento científico es, entonces, una construcción racional referida exclusivamente a la intuición empírica. Las categorías *no* han sido extraidas *de* la experiencia, pero sólo son válidas *para* la experiencia, de manera que no se las puede aplicar *más allá* de los fenómenos sensibles. Del encuentro de lo *puesto* por el entendimiento con lo *dado* en la intuición sensible, surge la objetividad: *«Los conceptos sin intuiciones son vacíos; las intuiciones sin conceptos son ciegas»*[15]. Pero, tal como Kant ha planteado las cosas, esta conjunción resulta muy problemática, de manera que tendrá que buscar un tercer elemento –el tiempo como *esquema trascendental,* producto de la imaginación– que opere una artificiosa mediación entre las cate-

13. KANT: *Crítica de la Razón pura,* A 158, B 197.
14. KANT: *Crítica de la Razón pura,* A 125.
15. KANT: *Crítica de la Razón pura,* A 151, B 75.

> gorías y los fenómenos. La armonización del entendimiento con la sensibilidad es, sin duda, uno de los puntos débiles de la gnoseología kantiana.

Como estamos viendo, *Kant sólo admite el conocimiento de lo inmanente al sujeto:* no conocemos las cosas, sino nuestra manera de conocerlas (casi cabría decir: nuestra manera de *no* conocerlas). No podemos alcanzar las *cosas en sí,* sólo los objetos de experiencia nos son accesibles. Kant traza una drástica línea de separación entre los *noúmenos* –las cosas tal como son en sí mismas, que sólo pueden ser pensadas, pero no conocidas– y los *fenómenos* –las cosas tal como aparecen ante nosotros. Para no caer en el idealismo total, Kant tiene –sin embargo– que admitir de algún modo la existencia de *cosas en sí,* como origen incognoscible de la materia de los fenómenos. Pero ese resto trascendente no encaja en el contexto de un planteamiento inmanentista. Por eso pudo decir Jacobi (1743-1819) que sin la *cosa en sí* no se puede entrar en el sistema kantiano, pero con ella no se puede permanecer en él. Esta aporía es uno de los principales resortes que hará surgir el idealismo absoluto postkantiano.

La Dialéctica trascendental

La *Dialéctica trascendental* se ocupa precisamente de descubrir la «ilusión» que implica el tratar de conocer especulativamente la realidad en sí. Acontece, de modo natural e inevitable, que la razón humana no se satisface con el conocimiento de los objetos de experiencia. Sus aspiraciones de total unidad la impulsan a buscar unas realidades últimas, correspondientes a los objetos trascendentes de la razón o *ideas*. Las ideas están, según Kant, determinadas por la naturaleza de nuestra razón. Las deduce, entonces, de los distintos modos de los razonamientos. Resultan así las tres clases de *ideas trascendentales*, correspondientes a los tres modos de unidad suprema de todas las condiciones: *alma, mundo* y *Dios.*

> En su uso correcto, las ideas no tienen un carácter constitutivo de la realidad ni poseen validez objetiva. Son solamente conceptos útiles para la investigación científica: no indican la índole de las cosas, sino sólo cómo tenemos que buscar el enlace de los objetos de la experiencia, para que resulten campos de investigación ordenados y armónicos. Se trata de un uso

> hipotético: es conveniente, por ejemplo, proceder *como si (als ob)* todos los fenómenos físicos se integraran en una unidad a la que llamamos «mundo», o todos los fenómenos psíquicos en una unidad a la que llamamos «alma». Lo cual no quiere decir que el mundo, el alma o Dios sean realidades trascendentes que efectivamente existan.

Pero, dejándose llevar por su interna dialéctica ilusoria, la razón no se conforma con considerar a las ideas como *hipótesis*, sino que las convierte en *hipóstasis:* les confiere una realidad que no poseen y pretende así ampliar el alcance del conocimiento humano a cosas trascendentes. Es un razonar que parte de premisas carentes de contenido empírico y osa deducir de ellas algo que no conocemos, porque no hay ninguna intuición correspondiente. Las falacias en que –según Kant– incurre la razón cuando pretende estudiar metafísicamente el alma son los *Paralogismos*. Las *Antinomias* son las contradicciones provenientes de la consideración del mundo como *cosa en sí*. Finalmente, Kant pretende invalidar los diversos argumentos especulativos para demostrar la existencia de Dios *(Ideal trascendental)*, los cuales se reducen –en último análisis– al argumento ontológico, que incurre en el error de concebir el *ser* como un *predicado real*, en lugar de considerarlo como la simple *posición absoluta de una cosa*. Entiende Kant que así queda suficientemente probado el carácter no científico de la «metafísica dogmática», en la que no son posibles los juicios sintéticos *a priori*.

La Razón práctica

El acceso a las realidades trascendentes quedará reservado a la *Razón práctica*, que establece –por vía de *postulado*– la existencia de la libertad humana, de la inmortalidad del alma y de Dios. Tales postulados son exigencias de la razón, que ha de ser coherente consigo misma, pero no amplían en nada nuestro conocimiento de la realidad, ya que sólo se establecen para que sea viable el cumplimiento de la ley moral que la razón se dicta a sí misma. Son objeto de *fe racional*, no de conocimiento. «Tuve que eliminar el saber –afirma Kant– para reservar un lugar a la fe»[16].

16. KANT: *Crítica de la Razón pura*, B XXX.

B. *El idealismo absoluto*

En el idealismo absoluto postkantiano –llamado también «idealismo alemán» o «idealismo romántico»– la inmanencia del pensamiento se hace ya completamente dueña de la realidad. La conciencia se convierte en un absoluto que engloba y supera todas las determinaciones parciales.

La cumbre de este idealismo total está, sin duda, representada por Hegel (1770-1831), en cuyo sistema se aprecia netamente cómo el idealismo llega a ser mucho más que una tesis gnoseológica: es, de punta a cabo, una nueva metafísica en la que el ser pertenece plenamente al pensamiento.

Teoría del comienzo

Este carácter se aprecia ya en la radicalidad con que Hegel plantea la cuestión del *comienzo* del saber. Es bien consciente de que la necesidad de una indagación acerca del inicio de la ciencia es especialmente perentoria para la filosofía moderna, en la que «la actividad subjetiva es concebida como un momento esencial de la verdad objetiva»[17]. La identidad de pensamiento y ser hace, además, que el comienzo del saber coincida con el principio del ser.

Pues bien, el comienzo del puro saber no puede ser un objeto o un sujeto particular, por privilegiado que parezca: no puede ser el yo individual del *cogito* cartesiano[18], y ni siquiera el yo absoluto y pro-

17. HEGEL: *Ciencia de la Lógica*, edic. Lasson, tomo I, p. 52. Vid. A. LLANO: *Diálectica del Absoluto*. «Anuario Filosófico», X-1, 1977, pp. 161-195.

18. El *cogito* cartesiano marca el inicio de una nueva andadura en la historia del pensamiento occidental. Señala el comienzo de un modo de pensar en el que el sujeto pensante –es decir, el *yo*– encuentra en sí mismo el primer apoyo seguro para alcanzar la completa certeza que el pensar mismo requiere. El criterio de certeza adquiere un carácter inmanente: ya no se remite a la patencia de la realidad, sino que se recurre a la *claridad* y *distinción* de las propias representaciones. Para ganar la posición del yo pensante como inicio del saber, es preciso someter las supuestas evidencias objetivas a una duda sistemática y universal, a una *duda metódica*, de cuyo seno surgirá la certeza del *cogito*. Pero este *yo* cartesiano no es productivo de realidad, sino que ha de garantizar una realidad objetiva a partir del comienzo subjetivo. Desde su inicio en el *cogito*, Descartes intentará recuperar –por demostración– la existencia del mundo exterior y de Dios.

ductivo de Fichte[19]; menos aún la particularidad sensible de los empiristas. En la radical incepción del conocer no cabe situar facticidad alguna: nada está dado en el inicio. Por lo tanto, el comienzo es lo absolutamente carente de determinación.

Ese comienzo es precisamente el *ser*, como lo *inmediato indeterminado*[20]. Así entendido, el *ser* es la objetividad pura, la idea máximamente abstracta y general de un objeto: «Esta simple inmediación es en consecuencia el *puro* ser. Y así como el *puro* saber no debe significar más que el saber como tal, así también el *puro* ser no debe dignificar más que el ser en general: *ser*, nada más, sin otras determinaciones ni complementos»[21]. El *ser* del comienzo es lo completamente inmanente al saber; es la expresión de la abstracción completa, de la objetividad aislada que con nada se relaciona, que es igual sólo a sí misma.

Tan vacío y escaso es este *ser* como objeto mero que, en rigor, no es nada. «Este ser es la pura abstracción y, por ello, es lo absolutamente negativo, el cual, tomado también inmediatamente, es la *nada*»[22]. De manera que, en este primer estadio, cabe afirmar: «el puro ser y la pura nada son lo mismo»[23]. El *puro ser*, justamente por su absoluta vaciedad, incluye en sí mismo su propia contradicción, lo absolutamente no idéntico consigo mismo, la nada. De la tensión de estos dos contradictorios –tesis y antítesis– surge el *devenir* como primera síntesis: como negación de la negación, como unidad del ser y del no-ser, como identidad de la identidad y de la no identidad.

19. Fichte (1762-1814) sitúa en el comienzo la autoposición del yo: «El yo se pone a sí mismo simplemente porque es, y el yo es solamente en cuanto que se pone. Por lo tanto, la expresión definitiva es: yo soy absolutamente, yo soy porque soy, soy absolutamente lo que soy. Es decir el yo originario pone absolutamente su propio ser». J. C. FICHTE: *Grundlage der gesammten Wissenschaftslehre (1794)*. En «Werke». Edic. de F. Medicus, F. Meiner, Leipzig 1911, tomo I, pp. 290-291. Hegel criticará este comienzo fichteano, achacándole que confunde el yo en su esencia abstracta –que nos es desconocido al inicio– con el yo de la autoconciencia individual, del que tenemos sólo una evidencia empírica.

20. HEGEL: *Ciencia de la Lógica*, I, 54.

21. *Ibid.*

22. HEGEL: *Enciclopedia de las Ciencias filosóficas*. Edic. de Nicolin y Pöggeler. F. Meiner, Hamburgo 1969, 6.ª edic., 87, p. 107.

23. HEGEL: *Ciencia de la Lógica*, I, 67.

La negación y el progreso del saber

El continuo recurso a la *negatividad*, a la *contradicción:* he ahí el procedimiento para ir llenando la vaciedad inicial, para determinar progresivamente lo completamente indeterminado, para ganar en concreción real a partir de la mera abstracción pensada. Nos encontramos ante la versión dialéctica del lema de Spinoza: *omnis determinatio est negatio.*

El saber avanza en cuanto que supera la indeterminación del ser abstracto y vacío desde él mismo, sin recurrir a nada trascendente. El progresar de la filosofía consistirá en el despliegue de un método absoluto que incrementa continuamente la determinación, discurriendo desde lo abstracto hasta lo concreto, desde lo indeterminado hasta lo determinado. Este despliegue del *saber absoluto* es el conocimiento plenario y sin residuos que el Absoluto tiene de sí mismo. No quiere ser simple conocimiento humano, sino *saber divino,* que –al término del proceso dialéctico– alcanza la *Idea absoluta,* que es el ser plenamente determinado: *ser lleno,* vida, subjetividad, libertad, alma[24].

El Absoluto hegeliano

Para Hegel, el Absoluto se encuentra al final del proceso. Es un Dios que no es *alfa* y *omega,* sino sólo *omega.* Y, además, no es trascendente al proceso, sino inmanente a él; es la *vida de la totalidad,* englobante y superadora de cada uno de sus momentos. El mundo y el hombre son sólo el «reflujo» de la fuerza expansiva y difusiva del Espíritu absoluto, de la vital y activa fuerza de un Dios que se extraña fuera de sí para retornar a sí mismo. Pero Dios necesita retroactivamente del mundo para plenificar de contenido su esencia: no es trascendente al mundo, sino inmanente a él. Si la esencia de Dios no fuera la esencia del hombre y del mundo, no sería nada. En definitiva, Dios es el ser del mundo y el mundo es la esencia de Dios.

El carácter absolutamente inmanente de esta concepción se revela en que ya no hay propiamente distinción entre lo finito y lo infinito. Lo finito es un momento esencial de lo infinito: Dios se finitiza, para determinarse a sí mismo. Pero, a su vez, lo finito no

24. Cfr. HEGEL: *Ciencia de la Lógica.* II. 484.

es sino un «momento» de la vida divina. Dios es ese movimiento de retorno a sí mismo a través de las determinaciones finitas, que completan su esencia. El Dios infinito está dinámicamente grávido de finitud, cruzado de historicidad. De manera que «sin el mundo, Dios no es Dios»[25].

Según Hegel, es Dios quien piensa desde el hombre cuando el hombre piensa en Dios: el pensamiento humano es una derivación del saber absoluto. Ciertamente, la dialéctica hegeliana quiere ser más que un subjetivismo antropocéntrico. Pero siempre cabe sospechar –y así lo hicieron inmediatamente sus seguidores– que ese supuesto «saber absoluto» no es sino una personalización de la razón humana, una autoproyección del hombre hacia lo sobrehumano[26]. Es la culminación del esfuerzo idealista por absolutizar la conciencia y reducir el ser a la Idea, que –según Hegel– es «la esencia simple de la vida, el alma del mundo, la sangre universal, omnipresente, que no se ve empañada ni interrumpida por ninguna diferencia, sino que más bien es ella misma todas las diferencias así como su ser superado y que, por tanto, palpita en sí sin moverse, tiembla en sí sin ser inquieta»[27]. Al afirmar que esta libre vida del Absoluto sólo se desarrolla en el devenir mundanal e histórico, el Absoluto se relativiza, y el proceso mismo aparece como una instancia absoluta, ante la que se disipa todo valor permanente.

Consecuencias del idealismo hegeliano

Las consecuencias de tal concepción son múltiples y han llegado hasta nosotros, que las experimentamos con la dureza de lo

25. HEGEL: *Lecciones sobre la Filosofía de la Religión*. Edic. Lasson, F. Meiner, Hamburgo 1966, tomo I, p. 148; cfr. pp. 146-148.

26. Tal es la línea reduccionista –característica de la «Izquierda hegeliana»– con respecto a las ambiciosas construcciones especulativas del idealismo romántico. Al hombre ya no le interesa la divinización, sino la completa humanización: ser pura y autónomamente hombre. Feuerbach (1804-1872) considera que lo que Hegel dice de Dios como Absoluto no es sino la autoproyección del hombre considerado genéricamente, es decir, como humanidad que va tomando progresivamente conciencia de que se basta a sí misma. La conciencia de Dios –sostiene Feuerbach– es la autoconciencia del hombre; el conocimiento de Dios es el autoconocimiento del hombre. *El hombre es Dios para el hombre*. La esencia divina no es más que la esencia humana separada de los límites de la universalidad y la corporalidad. El hombre tiende a considerar esa esencia humana como si fuera otra esencia –la divina–, pero, en realidad, todo en ella es humano.

27. HEGEL: *Fenomenología del Espíritu*. Edic. de J. Hoffmeister. F. Meiner, Hamburgo 1962, 6.ª edic., p. 125.

efectivamente vivido: «Toda verdad particular desaparece en el edificio de la historia, el individuo es absorbido por el Estado como realización de lo universal que supera la negativa apariencia de lo singular, la fe es superada por la filosofía, la conciencia del hombre se deshace en su limitación que lo niega para llegar a integrarse en Dios como infinitud: pero es un Dios en devenir, que se logra recuperándose. El proceso lógico de reducción al fundamento es, en Hegel, el proceso real de hacerse de la autoconciencia absoluta»[28].

La filosofía hegeliana constituye, sin duda, un grandioso sistema especulativo. Pero su desarrollo no está llevado por ese supuesto ***método absoluto,*** sino por una dialéctica que no resiste un riguroso examen lógico. En último término, no es la actividad del Absoluto, sino la del sujeto pensante, la que ha levantado una construcción tan imponente, pero tan alejada de la verdad de las cosas. Los posthegelianos se dedicarán a extraer piezas de este edificio y tratarán de reconstruir con ellas viviendas más limitadas, aunque supuestamente más seguras, mientras creen advertir que aquel empeño de carácter absoluto y divino era, a la postre, sólo humano: demasiado humano[29].

28. CARDONA: *Metafísica de la opción intelectual,* op. cit., pp. 202-203.

29. *El materialismo dialéctico* surge cuando Marx (1818-1883), asumiendo el reduccionismo antropológico y materialista de Feuerbach, recupera e introduce en él –como elemento formal– la dialéctica de Hegel. El principio de inmanencia se presenta ahora bajo una nueva versión, en la que la praxis humana adquiere un puesto central. Para Marx, el hombre mismo se genera por el trabajo. En vez de la producción del concepto (como en el idealismo alemán), se trata de la praxis social de la humanidad, de su acción colectiva trasformadora de la materia y, por tanto, del primado de lo económico en su evolución histórica. La dialéctica ya no se da entre lo finito y lo infinito, al modo hegeliano, sino en el curso de la historia humana, cuyo principio activo es el movimiento revolucionario de la conciencia de clase. La total exclusión de lo trascendente se lleva a cabo activamente, por la producción de la ciencia de la realidad material, que es al mismo tiempo la crítica implacable de toda realidad no mundana. Es preciso realizar definitivamente la crítica de toda humana *alienación:* que el hombre se considere a sí mismo en su sola realidad concreta y activa, como configurador técnico de su contexto mundanal.

Hay que proclamar la absoluta libertad humana, ya que «el hombre es para el hombre el ser supremo». El enemigo radical de esta libertad es la religión, pues la alienación religiosa es la justificación de toda otra alienación. Por tanto, la condición de toda *liberación* es la ruptura de los vínculos con lo religioso, declarado engañoso e ilusorio. La crítica primordial es la crítica de la alienación religiosa, a la que habrán de seguir la crítica de la alienación filosófica, política, social y económica. La alienación económica es la más básica –*estructural*–, pero, para destruirla, es preciso desmontar previamente las enajenaciones *superestructurales.* En definitiva, la *emancipación* humana –madura liberación de todo dominio tutelar– es la reducción del hombre a sí mismo, a su efectiva realidad, que –para Marx– es sólo y siempre materia en devenir dialéctico.

3. El realismo

A. *El realismo crítico*

Tras haber examinado algunas de las formas más relevantes del idealismo, procede ocuparse de una forma de «realismo» cuyo punto de partida es también la inmanencia de la conciencia propia. Su discusión revelará *la imposibilidad de mediar entre el idealismo y el realismo.*

En ambientes neoescolásticos se han mantenido, durante este siglo, algunas posiciones gnoseológicas que adoptan el planteamiento «crítico». Se ha querido asumir inicialmente el principio de inmanencia, para superarlo desde dentro y concluir en un realismo, que sería entonces *crítico,* a diferencia del antiguo que aparecería más bien como *dogmático.*

Como dice Gilson, que ha discutido agudamente con el *realismo crítico,* «la ilusión que sufren las tentativas de este género, incluso cuando más vigorosamente luchan contra ella, es que de una epistemología se puede sacar una ontología y, por un método cualquiera, encontrar en el pensamiento algo que no sea pensamiento»[30]. «Por consiguiente, lo que hay que hacer es liberarse primero de la obsesión de la epistemología como condición previa para la filosofía. El filósofo, en cuanto tal, no tiene más deberes que ponerse de acuerdo consigo y con las cosas; ahora bien: no tiene razón ninguna para suponer *a priori* que su pensamiento es condición del ser; por consiguiente, tampoco tiene ninguna obligación *a priori* de hacer depender lo que ha de decir acerca del ser de lo que sabe acerca de su propio pensamiento»[31].

La situación viene a ser la siguiente: «O bien se toma como punto de partida el ser, incluyendo en él al pensamiento: *ab esse ad nosse valet consequentia;* o bien se toma como base el pensamiento incluyendo en él al ser: *a nosse ad esse valet consequentia*»[32]. El primer método es el realista; el segundo, el idealista. Pues bien, el realismo crítico ha intentado la imposible empresa de llegar al realismo por medio de un método que toma prestado del idealismo.

En definitiva, si se comienza por el pensamiento, no se llega más que a seres pensados, a objetos inmanentes al pensar. Como

30. Gilson: *El realismo metódico,* op. cit., p. 65.
31. Op. cit., p. 69.
32. Op. cit., p. 138.

se ha dicho gráficamente, de un gancho pintado en la pared sólo se puede colgar una cadena igualmente pintada. El cerco de la inmanencia no se puede romper desde dentro; para conocer el ser real, hay que abandonar este planteamiento.

Lo que el entendimiento aprehende directamente son las naturalezas insertas en una realidad que no es la del propio entendimiento: es la entidad de una cosa material. Tal es su objeto propio. «Y, por lo tanto, lo primero que conoce el entendimiento humano es un objeto de esta índole»[33]. Sólo secundariamente es, a su vez, explícitamente conocido el acto por el cual se conoce el objeto. Y finalmente, a través del acto, es conocido el intelecto mismo[34]. Porque el conocer ha encontrado la realidad desde el principio, puede –en un segundo momento– volver sobre sí. La gnoseología se funda en la ontología, y no al revés[35].

Algunos autores neoescolásticos quisieron encontrar una especie de «duda metódica» en Santo Tomás. Esgrimían, sobre todo, un texto de los *Comentarios a la Metafísica,* que dice así: «a la ciencia a la que corresponde una consideración universal de la verdad, le compete también una duda universal de la verdad»[36].

33. *Suma Teológica,* I, q.87, a.3.

34. No cabe entender esto de modo simplista. Como vimos en su momento, en todo juicio hay ya una cierta reflexión sobre el acto de conocimiento y sobre la facultad: si no, no podría haber adecuación veritativa. Pero se trata de una reflexión implícita, que puede hacerse explícita en juicios particulares.

35. En la actual filosofía analítica se ha rectificado el planteamiento característico de la moderna filosofía de la conciencia, que Dummett ha caracterizado así: «Descartes hizo de la teoría del conocimiento el fundamento de la filosofía, porque pensó que la tarea de la filosofía era introducir rigor en la ciencia (donde 'ciencia' se toma en un sentido muy general, como el completo cuerpo de cosas que creemos conocer). Descartes, como otros racionalistas después de él, pensó que era necesario para todo conocimiento alcanzar la índole que Euclides creyó haber conferido al conocimiento geométrico: hacerlo completamente neto y absolutamente cierto. Si, en el proceso, se mostrara que ciertas cosas que creíamos conocidas no lo eran realmente, eso que habríamos ganado. Para Descartes, entonces, la pregunta '¿qué conocemos?' era, no solamente el punto de partida de la investigación filosófica, sino la cuestión central de toda la filosofía. Para los empiristas, en cambio, la prioridad de la epistemología descansaba sobre una base diferente. Ya no creían que la filosofía fuera esencialmente una indagación de la certeza; en buena parte porque esta meta ya no parecía alcanzable. Para ellos, más bien, la epistemología era anterior a otras ramas de la filosofía porque indicaba la única posible ruta para el análisis de las ideas; y esto era así porque representaba el único posible camino para su adquisición. En cuanto que era sólo a través de la inducción, aplicada a la experiencia, como podíamos obtener nuestras ideas, sólo por un escrutinio de este proceso podría conseguirse dar cuenta de esas ideas. La cuestión central se cambió, entonces, de '¿qué conocemos?' a '¿cómo conocemos?'». DUMMETT: *Frege. Philosophy of Language,* op. cit., p. 676.

36. «Ista scientia sicut habet universalem considerationem de veritate, ita etiam ad eam pertinet universalis dubitatio de veritate». *In III Metaphysicorum,* lect. 1, n. 343.

Pero este texto no tiene –ni podría tener– el sentido cartesiano de poner en duda la existencia de todas las verdades, sino el sentido aristotélico de proceder a su estudio metódico y, por lo tanto, completo, sin necesidad de poner entre paréntesis las certezas que efectivamente se posean. *Dubitatio* traduce aquí la palabra griega *aporía*[37], que significa dificultad o problema; y no *epojé*, que se refiere a una duda que suspende la certeza. La voz latina *dubitatio* tiene el significado de planteamiento de la cuestión, expresada muchas veces en la filosofía medieval por la pregunta *«utrum...»* que abre el desarrollo de las cuestiones. El texto en cuestión quiere decir que corresponde a la metafísica tratar de la cuestión de la verdad en toda su universalidad.

Otros han aducido, en este contexto, el *si fallor, sum*[38] de San Agustín. Pero sin razón, porque, tal como Agustín empleaba esta fórmula, era un arma eficaz contra el escepticismo (constituía un ejemplo de verdad indubitable); pero de ninguna manera representaba el inicio del saber, ni era una justificación –y menos todavía una deducción– del realismo. Agustín no se plantea el *problema crítico* de este modo.

El «realismo crítico» neoescolástico comenzó con la obra del Cardenal Mercier (1851-1926) –tan positiva en otros aspectos–, que proponía partir del *cogito* de Descartes, para demostrar desde él la realidad exterior. Lo primario es nuestro pensar. Reflexionando, nos percatamos de que –dentro del pensar, entendido ampliamente– hay sensaciones. Tenemos una cierta experiencia de que esas sensaciones son pasivas y, aplicando el *principio de causalidad,* podemos postular la existencia del mundo exterior (procedimiento apenas diverso del cartesiano).

Noël, discípulo de Mercier, sostiene casi lo mismo, pero suprimiendo la argumentación con base en la causalidad. Parte de los datos inmediatos de la conciencia, uno de los cuales es precisamente *lo real,* que primariamente captaríamos sólo como fenómeno, como *lo aprehendido.* Sólo en un segundo momento, por una cierta reflexión, llegaríamos a saber que lo captado es extramental y no puramente fenoménico (como lo es, por ejemplo, un sueño). Llegaríamos así al mundo externo como por un rodeo, por explicitación de los datos de la conciencia. Noël califica su postura de «realismo inmediato», porque ha suprimido la argumentación lógico-causal de Mercier.

37. Cfr. ARISTÓTELES: *Metafísica,* III, 1, 995b 25.
38. SAN AGUSTÍN: *De libero arbitrio,* II, 3,7.

Por su parte, Picard propone comenzar por el *sum*. En todo estado de conciencia, lo que primero se capta de modo inmediato es la realidad del yo. En la medida en que tenemos la intuición del yo, tenemos la intuición del ser, y eso nos lleva a la intuición de los primeros principios. Pero, en realidad, partir del *sum* en lugar del *cogito* no convierte esta posición en realista: partir del pensamiento de la realidad o de la realidad del pensamiento es igualmente partir de la conciencia. Por lo demás, el *sum* presupone el *ens:* no se capta explícitamente la existencia propia si antes no se capta la existencia de las cosas sensibles exteriores a la mente.

Roland-Gosselin también vuelve a proponer el empezar por el *cogito,* con un realismo crítico del juicio, que acerca su posición a la de Kant. Como no llegamos al ser –en el sentido de existencia– ni por la aprehensión de esencias ni por los sentidos, el mundo exterior sólo se alcanza en los juicios, que analizan los contenidos de la percepción bajo la regla de los primeros principios: se llegaría así analíticamente al ser real, como exigencia del pensar. Roland-Gosselin se ve entonces precisado a acudir a una suerte de «sentido agente», que produciría una especie expresa dotada de una intencionalidad especial, que llevaría del ser indeterminado a este ser particular.

En su importante obra *El punto de partida de la Metafísica,* Joseph Maréchal quiere llegar al realismo desde un análisis trascendental de cuño kantiano. El valor objetivo del conocimiento se manifiesta formalmente al sujeto por el *análisis de sus propias exigencias a priori,* puestas en juego ante un dato actual[39]. El ser se fundamenta en tanto que deducido como objeto *a priori* de la facultad intelectual. La realidad se puede ganar a partir del estudio *a priori* de las facultades cognoscitivas, analizando su objeto formal. Maréchal quiere hacer una «deducción trascendental» de las condiciones *a priori* de los objetos del pensar. La inteligencia tiene –antes de toda experiencia– un dinamismo interno que le conduce necesariamente a la *afirmación* del ser; dinamismo interno que se cumple en el acto de juzgar, en el que se alcanza la realidad, con lo cual pretende fundamentar una suerte de «realismo trascendental». El objeto se obtiene como ser en tanto que se impone como fin. Y este dinamismo tiene como término *a priori* último el ser absoluto. Dios se alcanza, así, como una deducción del pensar. Es más: en todo acto de la inteligencia se afirma implícitamente a Dios. Por último, Maréchal –retomando un intento de la última época del pensamiento de Kant– quiere deducir *a priori* la sensibilidad, como exigencia del pensar puro que tiende al Absoluto, porque

39. MARECHAL: *Le point de départ de la Métaphysique.* Desclée de Brouwer, París 1944-1949, 2.ª edic., tomo V, p. 493.

el proceder discursivo hacia el Absoluto postula la asimilación de datos exteriores al sujeto, lo cual reclama –a su vez– una sensibilidad asociada a la inteligencia. Su problemático intento de «superar» a Kant desde él mismo, logrando una posición supuestamente realista, ha atraído a numerosos filósofos neoescolásticos y está en la raíz de no pocos enfoques teológicos actuales, vinculados en su mayor parte a Karl Rahner, que pasa del realismo trascendental a la *antropología trascendental.*

B. *Rehabilitación del realismo*

La teoría del conocimiento más reciente y mejor fundada ya no plantea estos intentos de mediación entre realismo e idealismo. Está llegando, más bien, a una actitud gnoseológica que «no tiene ni pizca de simpatía por el idealismo»[40]. Postura que no proviene de una oposición sistemática a las versiones históricas del idealismo, sino, más bien, de un detenido análisis de la articulación entre pensamiento y realidad, del cual resulta que –como dice Putnam– el conocimiento humano es sólo una parte de la realidad, y la realidad no es una parte ni el todo del conocimiento humano[41].

Los sentidos del ser

Este nuevo realismo insiste en la primacía de la ontología sobre la gnoseología. Son, en efecto, consideraciones típicamente ontológicas las que establecen la distinción entre los diversos *sentidos del ser.* Mientras que la filosofía de la conciencia adoptaba siempre –aunque de modos diversos– una concepción unívoca de la realidad, buena parte del pensamiento contemporáneo –en especial, la fenomenología y el análisis lingüístico– ha redescubierto que «el ser se dice de muchas maneras»[42].

40. DUMMETT: *Frege. Philosophy of Language*, p. 684.

41. PUTNAM: *Mind, Language and Reality,* op. cit., p. 273. No es éste el lugar para exponer la interesante discusión entre Dummett y Putnam sobre la cuestión del realismo. Baste decir que la actitud de Putnam es más neta y –a mi juicio– mejor fundada.

42. ARISTÓTELES: *Metafísica,* VII, 1, 1028a 10. La distinción entre *ser real* y *ser veritativo* no implica, en modo alguno, la consagración de una escisión jerarquizada, ni la renuncia al planteamiento de cuestiones críticas. Representa, más bien, el atenimiento a las condiciones reales del conocimiento humano frente a las pretensiones injustificadas –y, por lo tanto, acríticas– de las filosofías de la identidad.

La distinción que aquí procede tener en cuenta es, sobre todo, la que se establece entre el *ser real* y el *ser veritativo*, es decir, entre el ser tal como se da en la naturaleza de las cosas y el ser que acontece en la mente cuando ésta juzga de las cosas con verdad.

La filosofía representacionista (que reduce lo conocido a su representación) se atuvo casi exclusivamente al *ser veritativo*. Considerado aisladamente, el ser mental tiende así a absolutizarse y a ocupar el lugar del ser real. Resulta, entonces, que las ideas se cosifican y su modo de ser se toma como el único posible. Como el ser de las representaciones eidéticas es un acto del pensar, el pensamiento mismo pasa a cumplir la función de fundamento, con el consiguiente olvido del fundamento real, que es el ser propio de cada cosa. No es extraño, entonces, que se produzca una *transformación de la metafísica*[43], en la que la gnoseología sustituye a la ontología y se constituye a sí misma en filosofía primera.

Se ha advertido en nuestro tiempo que este modo de pensar es reduccionista, que disminuye drásticamente el horizonte de lo real, y que –al querer integrar todo en una única esfera– conduce a aporías irresolubles que manifiestan su inconsistencia.

El realismo, por su parte, no elimina la esfera en la que el idealismo se mueve. Reconoce que el *ser veritativo* es uno de los sentidos del ser. Pero no acepta que sea el único, por la fundamental razón de que –además de él– es evidente que hay otros. De esta suerte, no es el realismo la antítesis del idealismo, sino que –como ha señalado Polo– es *más* que el idealismo.

La apertura a la consideración de la multiplicidad de sentidos del ser permite al realismo establecer las relaciones de fundamentación que efectivamente acontecen en el conocimiento verdadero. En discusiones anteriores, ya hemos ponderado las sólidas razones por las que se ha de mantener que el *ser veritativo* –el ser que la verdad tiene en la mente– se funda en el ser exterior y separado[44], en el ser propio y principal[45], que es justamente el de las cosas reales.

La paradoja de la verdad

Esta *rehabilitación del realismo* sostiene –con la tradición– que nuestros juicios y proposiciones poseen un objetivo valor de

43. Cfr. A. LLANO: *Filosofía trascendental y Filosofía analítica (Transformación de la Metafísica)*, op. cit.
44. Cfr. ARISTÓTELES: *Metafísica*, XI, 8, 1065a, 21-24.
45. Cfr. ARISTÓTELES: *Metafísica*. VI, 4, 1027b 3 - 1028a 4.

verdad, que es independiente de nuestros modos de conocerlo: son verdaderos o falsos en virtud de una realidad existente independientemente de nosotros[46]. Esta rehabilitación ha ido unida, en efecto, a la reposición del valor de la *verdad,* en su distinción con respecto a la *verificación.* La verificación es algo que el sujeto cognoscente *hace,* para establecer la verdad de sus juicios y proposiciones; es algo, por lo tanto, que tiene que ver con el aspecto subjetivo de la certeza, más que con la realidad objetiva que funda la verdad.

La verdad está sujeta, por lo tanto, a una peculiar paradoja: *cuando se ignora que el conocimiento es verdadero justamente por algo que no pertenece al propio conocimiento, el valor de la verdad se disuelve.* Y es que el ser veritativo posee un carácter remitente, intencional, apunta a lo que constituye su fundamento: al ser real. Si se olvida que la verdad no se fundamenta en sí misma, sino en la realidad, ya no tiene siquiera sentido seguir hablando de «verdad».

Esta paradoja de la verdad es un aspecto de la más amplia paradoja del realismo y del idealismo, que ha sido descrita así por Rodríguez Rosado: «Si el realismo busca el conocimiento en el ser y el idealismo el ser en el conocimiento, al no haber término medio entre el camino de ida y de vuelta –del ser al conocimiento o del conocimieto al ser–, las dos posturas son contradictorias entre sí. En efecto, el ser es para el idealista una «hipóstasis» del pensamiento. Para el idealista puro, el ser es un efecto del pensar, algo que cobra realidad en el momento mismo en que es pensado. El ser del idealista es un «ser de razón», algo que sólo existe en el ámbito del pensar y que no existe sino cuando se piensa. Es imposible pensar que existen cosas fuera del pensamiento: tal es la fórmula del principio idealista de la inmanencia. Ese «fuera» tiene un significado espacio-temporal. No existe nada fuera del pensar ni fuera del tiempo en que es pensado. En suma: el ser es un producto del pensamiento, el fruto natural del pensar. El realista, en cambio, piensa que el cognoscente no es la medida de la realidad. Lejos de pensar, con Protágoras, que el hombre es la medida de todas las cosas y que éstas se hacen a imagen y semejanza del hombre, sostiene, con Aristóteles, que el hombre es, en cierta medida, todas las cosas en tanto que va conociéndolas y, por lo mismo, haciéndose a imagen y semejanza de ellas. Y es que el ser

46. M. DUMMETT: *Truth and Other Enigmas,* op. cit., p. 146.

es el dato motor del entendimiento, no sólo porque éste conoce *ad instar entis,* sino por irse haciendo al asimilarse al ser. El ser hace que el entendimiento sea y que se haga entendimiento en acto. Pero, precisamente porque el pensar supone el ser y el conocimiento desvela la realidad, el ser no se metamorfosea al ser pensado. Al ser no le pasa nada por pensarle; a quien le pasa es al pensador. Nada le pasa al ser por ser pensado, porque «nada» son las estructuras ideales de que en el pensamiento se reviste. Tales estructuras ideales son, simplemente, propiedades irreales con que la razón reviste al ser. La razón no pone nada en las cosas; de lo contrario las mudaría; y nuestro modo de conocer las cosas, nuestra manera de pensarlas, sería un falseamiento de la realidad, que nos conduciría a una teoría del no-conocimiento del ser en lo que éste es de suyo, en suma, a un desconocimiento de la realidad en sí. A la luz de esta antinomia se revela que la paradoja del idealismo y el realismo puede formularse esquemáticamente de este modo: idealismo es la teoría filosófica que piensa que lo que la razón pone en las cosas es real. Realismo, por el contrario, es la teoría filosófica que sostiene que lo que la razón pone en las cosas es algo ideal. Es paradójico que el idealista crea que «realiza» el objeto del conocimiento y que el realista lo «idealice», revistiéndolo, al conocerlo, de propiedades lógicas que son ideales. El idealista realiza el ser; el realista lo idealiza: tal es la paradoja del idealismo y el realismo»[47].

La actual reposición del realismo vuelve a mantener que *la causa propia de la certeza es la evidencia objetiva.* La reflexividad natural de la conciencia verdadera se resuelve en la patencia de la realidad. En efecto: el que entiende, conoce que entiende, porque conoce que una determinada cosa le es manifiesta[48]. Este es el camino que se recorre en el realismo: desde el ser a la conciencia del ser y, por lo tanto, desde la evidencia a la certeza. Camino bien distinto al del idealismo, en el que se da una *certeza sin evidencia*[49], un asentimiento a la reducción del ser al pensar que habrá de ser causado por la voluntad.

En la metafísica realista, se reconoce que los primeros principios, las conclusiones legítimas de la ciencia, la experiencia sensible, y, en definitiva, la patencia misma de la realidad, producen

47. J. J. RODRÍGUEZ ROSADO: *La aventura de existir.* Eunsa, Pamplona 1976, pp. 223-225.
48. *Suma Teológica,* I, q.111, a.1, ad 3.
49. Cfr. sobre este tema: CARDONA: op. cit., pp. 158-174.

certeza por evidencia. Aquí no se requiere que la voluntad fuerce al entendimiento, porque el hombre se encuentra naturalmente inclinado a esa apertura a lo real, en base a la connaturalidad más profunda que viene dada por la común participación en el ser. Desde su ser, el hombre se abre a todo el ser.

Capítulo VI

EL SER EN EL CONOCIMIENTO

1. Primacía del conocimiento del ente

La apertura trascendental a la realidad y el primer concepto de la inteligencia

A la apertura universal de nuestro entendimiento corresponde la noción trascendental del ente. La formación del concepto de ente es un acto intencionalmente trascendente hacia la totalidad de lo real como real. «El acto en el que la subjetividad se actualiza como aprehensiva del ente en su absoluta universalidad consiste, así, en el hecho por el que *un ser* se abre a *todo el ser*»[1].

Esta apertura intelectual a la realidad tiene primacía con respecto a toda otra intelección. De aquí que su objeto –el ente– sea lo primero que cae bajo la concepción del intelecto[2]. Nuestro intelecto está abierto a la realidad y lo primero que capta en ella es justamente su carácter real. Lo inmediato y más evidente que sabemos de las cosas es que *son* y, por consiguiente, la primera noción que nuestro entendimiento alcanza es la de *ente*, es decir, la de *aquello que es*. Esta noción explicita su verdad en un primer juicio radical: «esto es». Por tanto, el ente es –en el nivel intelec-

1. Millán Puelles: *La estructura de la subjetividad*, op. cit., p. 159.
2. «Primo in intellectu cadit ens». *In I Metaphysicorum*, lect. 2, n. 45.

tual– el *primum cognitum,* sin el que no conoceríamos nada. Es la intelección original y originaria, en la que se resuelve toda otra intelección[3].

La noción de ente es, por tanto, el *primum transcendentale,* ya que constituye el principio de todo conocimiento intelectual. «Es un concepto implicado en todo otro concepto, pues no se puede formar concepto alguno sin que en él y con él se forme el del ente, y siempre como la base o el trasfondo. De suerte que en todo conocimiento intelectual –y no sólo en el primero– el concepto del ente es lo primero; de una manera semejante a como en toda percepción visual –y no sólo en la primera– lo primeramente visto es el color. Y el signo de esa prioridad del conocimiento intelectual está en que, cuando analizamos cualquier objeto de conocimiento intelectual, en el último análisis o resolución nos encontramos con el ente, lo que no ocurriría si el ente no estuviera allí como lo primero conocido»[4]. No se trata, por lo tanto, de una precedencia temporal, sino de una principialidad nocional.

No es la del ente una noción simple, como queda ya expresado en el modo participial –participio presente del verbo «ser»–de la palabra que la expresa. Y no es simple, ante todo, porque tampoco es simple la realidad a la que se refiere[5]. El ente aparece ya como algo estructurado y compuesto; algo que cabe describir como «lo que es», lo que está ejerciendo el acto de existir. Se trata de algo («lo que») que tiene el ser («es»), con lo que se trasluce inicialmente –y de manera todavía imprecisa y no formal– una estructura de sujeto y acto.

Pero el ente no es una noción gnoseológicamente *a priori,* como han pretendido algunos neoescolásticos. El origen de las primeras nociones y principios se encuentra en la experiencia sensible, que constituye el origen de todos nuestros conocimientos: *principium nostrae cognitionis est a sensu*[6]. El conocimiento

3. *Suma Teológica,* I-II, q.94, a.2.

4. García López: *Doctrina de Santo Tomás sobre la verdad,* op. cit., pp. 22-23.

5. Cfr. K. Buersmeyer: *Predication and Participation.* «The New Scholasticism», LV, 1, 1981.

6. *Suma Teológica,* I, q.84, a.7. En este punto se aprecia claramente la diferencia entre la postura tomista y la hegeliana en torno a la doctrina aparentemente similar– del ser situado en el comienzo de la metafísica. Porque no le cabe a Hegel acudir a un mundo sensible cuya facticidad no tiene –según él– auténtica consistencia real y sobre el que sólo podría verificarse una reflexión externa; siguiendo en este punto la más estricta tradición racionalista, el comienzo de la metafísica como *Lógica* sólo se las puede haber consigo mismo, en el ámbito de un insalvable *a priori.* Schelling reprochará a Hegel que parte de un vacío lógico, un

de los singulares es en nosotros anterior al conocimiento de los universales, en el sentido de que el conocimiento sensible es anterior al conocimiento intelectual[7]. Este primer concepto –el de ente– resulta de la primera iluminación intelectual sobre la experiencia sensible más elemental, mostrándose a la vez como principio de realidad y como principio de inteligibilidad. Prosigue después la experiencia, y en ella el entendimiento descubre, con la variedad y mutabilidad de los entes, las articulaciones metafísicas del ente en cuanto tal.

Es importante advertir que esta noción inicial de ente no se caracteriza por su indigencia, por su indeterminación y vaciedad –como pretende el formalismo metafísico, cuya culminación es la *Lógica* hegeliana–, sino más bien por su plenitud. Todas las determinaciones reales se encuentran en ella precontenidas, y no sólo de manera virtual, sino de modo actual, aunque implícito y aún confuso. No es el resultado de una *abstracción total,* sino el fruto de una *reflexión intensiva* que alumbra lo que hay de actualmente común en las cosas reales. Aunque esta noción inicial no es aún el objeto formal de la metafísica, la metafísica entera encontrará en este denso concepto de ente el suelo nutricio de un progreso cognoscitivo que comienza en el ente tal como aparece en el ámbito de la experiencia sensible, y culmina en las indagaciones acerca del mismo Ser subsistente.

Del ente al ser

Así pues, la metafísica parte del ente *(ens)* y no del ser *(esse).* El *esse* no se nos da en estado puro, sino como acto del ente, y según el modo como se nos da el ente concreto, en dependencia de la experiencia sensible.

Al principio, el ser de las cosas sólo se conoce de modo superficial y confuso. De alguna manera se capta el ser en este arranque inicial, porque, si no nos fuera dado de algún modo, nunca podríamos llegar a conocerlo explícitamente. Tras un proceso reductivo –en el que se pasa de lo fundado a su fundamento– se llega a conocer el *esse ipsum,* como acto radical del ente.

pensar que tiene siempre como contenido el solo pensar, con lo cual cesa el pensamiento real. Aproximándose al realismo metafísico, Schelling mantiene –en la última fase de su filosofía– que lo lógico en el pensar real tiene desde el comienzo una referencia al ser y acude necesariamente a lo empírico (cfr. *Philosophie der Offenbarung,* op. cit., tomo I, p. 102).

7. *Suma Teológica,* I, q.85, a.3.

La reducción de la diversidad de lo real a la unidad (analógica) del ser se alcanza por una referencia dinámica al fundamento, que supera la unidad lógica, basada en la mera abstracción conceptual. Este proceso no es de intuición, ni de deducción, sino que es un proceso analítico de *fundación*. Trascendemos desde los actos más superficiales y variables hasta los actos más profundos y permanentes. Y, así, discurrimos de acto en acto (accidentes, forma sustancial, acto de ser), hasta alcanzar el ser como acto, fundamento último de cada cosa.

Conocemos primero el ser de las cosas exteriores, en la percepción sensible-intelectual (experiencia llevada a cabo por el más perfecto de los sentidos internos: la *cogitativa* o *razón particular).* Se conoce después el ser propio de la mente (de mi mente: *sum),* que se capta de un modo más íntimo –porque somos inmediatos a nosotros mismos– y por eso ofrece una fuerte base contra los escépticos y abre, además, la posibilidad de progresar en el conocimiento de las realidades inmateriales. Pero la existencia propia no se percibe si antes no se percibe la existencia externa de las cosas; en efecto: sólo conocemos la mente a través de sus actos; para conocer la mente, es preciso que se haya actualizado conociendo otras realidades distintas de ella misma.

Esencia y acto de ser

El ente es principio real e inteligible, sin que quepa separar el conocimiento de su realidad del conocimineto de su inteligibilidad. Esta disociación se ha operado en la escolástica formalista, tomando el nombre de distinción entre *esencia* y *existencia,* en sustitución de la genuina teoría metafísica de la composición real entre *esencia* y *ser*[8]. La primera de estas distinciones se realiza entre la existencia actual, considerada como mera facticidad, y la esencia tomada solamente como posible. La *esencia* y la *existencia* no son, entonces, más que dos diversos estados ante la mente de la misma cosa, considerada respectivamente como posible o

8. Heidegger ha advertido el papel jugado por la distinción formalista entre *ser-tal* y *ser-de-hecho* en el «olvido del ser» (cfr. por ejemplo: *Nietzsche,* op. cit., tomo II 1961, p. 412). Pero –como han señalado varios autores– la crítica heideggeriana a la metafísica occidental no alcanza a la doctrina tomista del *actus essendi,* en la que se reconoce el carácter trascendente del *esse* con respecto a las determinaciones formales, y se distingue de la existencia fáctica (Cfr. A. LLANO. *Actualidad y efectividad.* «Estudios de metafísica», 4, 1973-1974).

como efectiva. La existencia, en tal caso, no hace más que añadir el carácter concreto e irracional del *hecho* a las determinaciones inteligibles y abstractas de la esencia. Algunos escolásticos llegaron incluso a hablar de una distinción entre el *esse esentiae* y el *esse actualis existentiae,* que responde a un planteamiento lógico (como respuesta a las preguntas «qué es una cosa» *–quid est–* y «si es una cosa» *–an est–),* pero no tiene alcance metafísico.

La genuina distinción real entre *esencia* y *acto de ser* no se identifica con el par *ser pensado-ser de hecho.* La auténtica composición real *essentia-esse* no es el nexo formal de dos modos del ente, sino la estructuración de dos coprincipios reales que componen la realidad primaria del ente.

Tal composición es la estructura trascendental de la realidad, la que se da en todos los entes finitos en cuanto entes. Esta composición de *esencia* y *ser* es real: son principios metafísicos realmente distintos, que constituyen el *unum* radical que es el ente. Es necesario admitir esta composición como real (y no sólo *«cum fundamento in re»*), porque las cosas finitas son, pero no son el ser, no agotan el ser ni en intensidad ni en extensión. Son sin ser el ser: tienen ser, participan en el ser. El principio participante (la potencia: esencia) no puede identificarse realmente con lo participado (el acto: ser). Si esencia y *esse* se identificaran, sería lo mismo el principio real de limitación (imperfección) que el principio real de perfección, lo cual atentaría contra el principio de no-contradicción. No se daría razón de la existencia real de entes finitos: o bien se negaría su realidad, o bien se negaría su finitud.

El conocimiento del ente

La aprehensión de lo real se resuelve inmediatamente en la del ente. No es posible fundar la aprehensión de la realidad en una previa captación de la causalidad, como pretende el realismo crítico, porque la noción de causa depende de la de ente, y no a la inversa. «Comenzar por un sentimiento de experiencia interna, inducir después la realidad externa de su objeto con la ayuda del principio de causalidad, es, manifiestamente, introducir entre la experiencia psicológica y su objeto un intermediario, que es la demostración misma»[9]. El criticismo realista pretende pasar de lo aprehendido a lo real. Para el realismo metafísico, en cambio, se

9. GILSON: *El realismo metódico,* op. cit., p. 78.

parte *ya* del ente real. «Porque, cualquiera que sea el objeto que yo aprehendo, la primera cosa que capto de él es su ser: *ens est quod primum cadit in intellectu.* Ahora bien: este ser, que es el primer objeto del entendimiento (...), está muy lejos de ser algo aprehendido sin lo real; es, por el contrario, lo real mismo, dado en una aprehensión, sin duda, pero no en cuanto aprehendido (...). Si el bloque ofrecido por la experiencia a nuestro análisis debe ser descompuesto siguiendo sus articulaciones naturales, es indudablemente un "real aprehendido" lo que dicha experiencia nos ofrece, y ningún método nos autoriza, a menos que cambiemos su estructura, a presentarlo como un "aprehendido real"»[10].

A partir de la primera iluminación intelectual de la experiencia, vamos progresando en el conocimiento del ente. El panorama real que los sentidos y la inteligencia nos ofrecen no es estático, sino que está integrado por realidades móviles. El movimiento de las cosas, su actividad, su influjo mutuo, revelan una capacidad real de los entes de recibir y de comunicar perfecciones. La consideración de este dinamismo natural nos conduce al conocimiento de la *potencia pasiva* –la capacidad de ser determinadas– y de la *potencia activa* –la capacidad de determinar– de las cosas.

El conocimiento de la sustancia

La sustancia es el ente que es *de suyo (per se):* de ella se dice propiamente que es ente. La sustancia es lo que tiene ser y subsiste por su propio acto de ser. Los accidentes, en cambio, no son entes en sí mismos, son entes de un ente *(entis entia)* o –como dice Aristóteles– «retoños y concomitancias del ser»[11]: inhieren en la sustancia, de cuyo acto de ser participan.

En la realidad natural, la sustancia y los accidentes forman una unidad compuesta: el ente singular y concreto. La sustancia no se da nunca sin los accidentes, ya que siempre subsiste accidentalmente determinada; y los accidentes no se dan nunca sin la sustancia, ya que de suyo no tienen ser.

Las dicotomías a las que conduce el modo racionalista de pensar tienden a aislar la sustancia de los accidentes. Pero es un error pensar que sólo se podría conocer la sustancia si se pudie-

10. GILSON: op. cit., p. 104.
11. ARISTÓTELES: *Etica a Nicómaco,* I, 6, 1096a 22.

> ra separarla de los accidentes: así planteada la cuestión, la sustancia se declara enseguida incognoscible, ya que tal separación jamás puede acontecer. Las contraposiciones racionalistas llevan a entender el accidente como lo sensible y la sustancia como lo pensable[12].

Lo que verdaderamente sucede es que el conocimiento de la realidad de la sustancia no es separable de la experiencia del todo real, es decir, del ente que se conoce a través de los sentidos y de la inteligencia, y que incluye tanto la sustancia como los accidentes, porque es un *unum* compuesto de ambos principios. La sustancia de las cosas materiales no es directamente cognoscible por los sentidos, pero la conoce inmediatamente la inteligencia a través de los datos sensibles en los que la sustancia aparece. La sustancia –lo que *de suyo es*– no se reduce a lo que directamente ofrece la experiencia sensible, pero se descubre dentro de ella.

El conocimiento de la sustancia empieza por sus accidentes, que la dan a conocer porque participan del ser de la sustancia. Los accidentes no ocultan la sustancia, como si fueran una especie de costra opaca que la recubre (burda representación imaginativa de esta teoría, en la que se basan no pocas críticas injustificadas). El conocimiento de los accidentes conlleva, más bien, un cierto conocimiento de la sustancia, porque todo accidente se conoce con una intrínseca referencia a la sustancia, que la inteligencia capta confusamente y de inmediato en cualquier determinación accidental. Por ejemplo, cuando conozco el color blanco, lo que capto no es «un blanco» aislado y subsistente, sino «esta cosa blanca», ya sea tiza, papel, luz, o lo que sea. De aquí que –como ha mostrado la filosofía analítica– no se pueda contar numéricamente con base en términos adjetivos, sino sólo con base en términos sustantivos[13].

12. En esta línea se mueve la tajante distinción kantiana entre fenómeno y noúmeno (de la sustancia y los accidentes Kant realiza un tratamiento lógico-trascendental, limitado al conocimiento de lo fenoménico). En la teoría kantiana del objeto no se da cabida a la constitutiva referencia de lo que aparece a lo que es. Entre ambas dimensiones se da una insalvable fractura. Pero lo cierto es que fenómeno y ser se encuentran en una fundamental correlación: hay una esencial homogeneidad entre lo que se muestra y lo mostrado. El ser se muestra de suyo en el fenómeno, que no es sino el «ser para nosotros». El fenómeno es una dimensión del ser, a través de la cual el ser se patentiza. Porque el fenómeno no es sino la limitada patentización del ser ante un sujeto cognoscente (cfr. LLANO: *Fenómeno y trascendencia en Kant*, op. cit., pp. 274-275).

13. P. GEACH: *Reference and Generality*. Cornell University Press, Ithaca 1962, pp. 38-40.

En un principio, la sustancia se conoce sobre todo como el sustrato de los accidentes, de los cambios y propiedades de las cosas. Pero esta consideración –como mostró lúcidamente Aristóteles[14]– es insuficiente. Luego, se conoce como la esencia de la cosa, como aquello que cada ente es en sí, como un acto del que dimanan propiedades. Se alcanza, por fin, el constitutivo real de la sustancia: el subsistir. La sustancia es lo determinado y separado[15], lo que tiene en sí mismo el ser, el sujeto del acto de ser.

El conocimiento de la causalidad

El acto de causar se experimenta en la percepción sensitivo-intelectual: se trata de la experiencia de un nexo particular entre la causa y el efecto. La causa se percibe en toda experiencia de actividad y pasividad de la vida ordinaria, tanto en el orden externo como en nuestros propios actos, y en estos últimos de modo más íntimo y directo. Tenemos conciencia de que somos nosotros –cada uno– quienes originamos las actividades de conocimiento, de volición y de acción, como realidades que antes no existían y luego existen. Somos causas reales de procesos reales y vivimos estos procesos causales. Sabemos también que movemos nuestro cuerpo y sus miembros y que imponemos estas acciones exteriores contra obstáculos y resistencias. Ningún hombre sensato cree estar ante una imaginación suya cuando de un puntapié manda lejos un balón o cuando la lluvia le empapa y coge un resfriado. Son procesos causales cuya realidad no cabe cuestionar, aunque no sepamos en cada caso cómo se produce o en qué consiste tal influencia. Ya el escéptico Sexto Empírico advirtió que quien niega la realidad de la causalidad tiene que negar todo proceso y movimiento en el mundo: las mareas, la floración de las plantas, el calor del sol, la vida y la muerte.

A pesar de la palmaria evidencia de la causalidad, numerosos filósofos modernos han negado su realidad y la han presentado como una mera disposición subjetiva. La crítica más célebre es, sin duda, la de David Hume, quien pretendió demostrar que la experiencia de la causalidad es un hábito psicológico –creencia, *belief*– que surge de la sucesión regular de acontecimientos, sin que pueda atribuírsele existencia extrasubjetiva ni

14. ARISTÓTELES: *Metafísica*, VII, 3, 1029a 9-27.
15. ARISTÓTELES: *Metafísica*, VII, 3, 1029a 28.

carácter ontológico. (Pero lo cierto es que captamos sucesiones no causales y causalidades no sucesivas).

Han negado la experiencia de la causalidad quienes reducen la percepción a sensaciones dispersas. Es cierto que la causalidad concreta es una *intentio insensata* (no es visible, como la sucesión). No la captan los sentidos externos, pero ello no equivale a que no la perciba sentido alguno. De ella se hace cargo un sentido interno, *la cogitativa,* cuya importante función fue descubierta por la psicología clásica, pero que ha sido olvidada por la mayor parte de la filosofía moderna, que ha de recurrir a complicados expedientes para resolver el problema de la conexión entre el entendimiento y la sensibilidad. (El ejemplo más significativo es la artificiosa e insatisfactoria –incluso para su autor[16]– teoría kantiana del esquematismo, en la que el esquema trascendental se describe como una «tercera cosa», añadida al concepto y a la intuición e intermediaria con respecto a ellos).

Una vez conocidos por experiencia el efecto y la causa, sabemos inmediatamente que todo efecto tiene una causa. Es el llamado principio de causalidad, que Aristóteles formulaba así: «todo lo que se mueve, necesariamente se mueve por otro». Santo Tomás, ahondando en su alcance metafísico, lo expresa del siguiente modo: «lo que se hace tiene una causa» *(quicquid fit, causam habet).* Esta evidente verdad universal se conoce en abstracto por la inteligencia, y en concreto por la cogitativa o *ratio particularis.*

2. La conjunción entre conocimiento sensible e intelectual

El pensamiento formalista separa la sensibilidad del entendimiento, los aísla, contraponiendo la intuición sensible a la intuición intelectual. Cada uno de estos supuestos modos de conocimiento –privados de su mutua coordinación y contraste– tiende a absolutizarse; y, así, surgen sistemas filosóficos contrapuestos (aunque con una común inspiración de fondo), en los que se afirma unilateralmente la primacía excluyente de la sensación (empirismo) o de la ideación (racionalismo).

La metafísica del ser, en cambio, se pliega a las articulaciones reales de nuestro conocimiento y muestra la estrecha continuidad

16. Es ilustrativo leer las trabajosas explicaciones que sobre este punto tuvo que dar Kant a Tiefrunk, en carta del 11-XII-1797 (*Briefe*, Ak, XII, 223).

que existe entre el conocimiento sensible y el intelectual. Tal es la idea básica de la gnoseología realista, según la cual nuestro conocimiento es medido por la realidad de las cosas y no se constituye en origen del ser[17].

El paso de la sensación externa al conocimiento intelectual

El conocimiento sensitivo se ocupa de las cualidades sensibles exteriores, pero el conocimiento intelectual penetra hasta lo que la cosa es de suyo, hasta la esencia (el *qué es* de cada realidad), que esos accidentes traslucen porque en ella inhieren. El objeto de la inteligencia es *aquello que es (id quod est),* la esencia actuada por el ser[18].

Pero el paso de la sensación externa al conocimiento intelectual no es discontinuo y abrupto. Para poder contemplar la esencia de las cosas –ese «ver» penetrante, al que los griegos llamaron *theorein*– la inteligencia necesita antes contar con una experiencia adecuadamente preparada. Aristóteles ya apuntó las líneas fundamentales de este proceso del conocimiento sensible-intelectual: «Por naturaleza, los animales nacen dotados de sensación; pero ésta no engendra en algunos la memoria, mientras que en otros sí. Y por eso éstos son más prudentes y aptos para aprender que los que no pueden recordar (...). Los demás animales viven con imágenes y recuerdos, y participan poco de la experiencia, pues muchos recuerdos de la misma cosa llegan a constituir una experiencia y la experiencia parece, en cierto modo, semejante a la ciencia y al arte, pero la ciencia y el arte llegan a los hombres a través de la experiencia (...). Nace el arte o técnica cuando de muchas ob-

17. «En los primeros pasos que el intelecto da de la potencia al acto no puede haber ningún motivo determinante fuera de los sentidos. Verdaderamente, si no hubiera algún conocimiento experimental de la conexión entre los términos de los primeros principios para determinar al intelecto a la unión o separación de sus contenidos, no se sabría por qué el intelecto, partiendo de ciertos términos, debería formar una determinada composición o separación de tales términos, en lugar de otra cualquiera. Más aún: no es nunca posible una unión entre los extremos sino mediante algún intermediario, y sólo la *cognitio experimentalis complexionis terminorum*, el conocimiento experimental de la complexión de los términos, puede hacer de intermediario entre los extremos, que son: la unidad y la conexión real que tienen las cosas fuera del alma, y la unión conceptual operada por el intelecto en los primeros juicios». C. FABRO: *Percezione e pensiero*. Morcelliana, Brescia 1962, p. 288-289. (Existe traducción castellana de esta obra en Eunsa, Pamplona 1977).

18. *De Veritate*, q.10, a.6, ad 2.

servaciones experimentales surge una noción universal sobre las cosas semejantes»[19]. Tomás de Aquino contribuyó también a la elaboración de esta teoría. Mantiene que las repetidas sensaciones reciben una primera estructuración sensible en la percepción del *sentido común*, que integra los datos aportados por los *sentidos externos* (sensibles *comunes* y *propios*). Esta percepción es integrativa y estructuradora, gracias a la imaginación y la memoria: de muchas sensaciones se forma la *imagen*; de muchas imágenes, el *recuerdo*. Por último, la percepción sensitiva más alta corresponde a la cogitativa, que produce la *experiencia*, el acto de aprehender comparativamente las percepciones singulares recibidas en la memoria[20].

Aplicada a la experiencia, la inteligencia –por medio de la abstracción– puede separar las ideas universales y los primeros principios. En virtud de la capacidad iluminadora del entendimiento agente, capta lo ontológico en lo fenoménico, lo necesario en lo contingente, lo inteligible en lo sensible.

> Pero no es fácil rescatar la doctrina clásica de la abstracción de los malentendidos que históricamente la han acompañado. Porque ya en la escolástica nominalista comenzó a caer en un formalismo que llevó a concebirla como un paso de lo individual a lo general, en lugar de entenderla como una penetración intensiva en la realidad. También se olvidó con frecuencia la doctrina de la *cogitativa*, con el consiguiente empobrecimiento de la explicación psicológica del tránsito desde lo sensible hasta lo intelectual. Suárez (1548-1617), por ejemplo, reduce todos los sentidos internos al sentido común; pero, al empobrecer así el proceso completo de la percepción, no se propone un adecuado material de donde abstraer, pues se considera la objetividad sensible como un conjunto de sensaciones aisladas. De la reducción de la sensación a un puro atomismo, el racionalismo moderno pasará a considerar que el orden y la conexión de las sensaciones tiene que ponerlo el pensamiento espontáneo, por medio de unos conceptos *a priori*, a través de los cuales el sujeto construye la experiencia.

La vuelta a la experiencia

El objeto propio del entendimineto humano –que es una mente unida a un cuerpo– *es la quididad o naturaleza existente en*

19. ARISTÓTELES: *Metafísica*, I, 1, 980a 28-981a 8.
20. *In III Sent.*, d.14, q.1, a.3, sol.3; *In I Metaph.*, lect. 1.

una materia corporal: a partir de aquí puede ascender hasta alcanzar algún conocimiento de las realidades incorpóreas. Pues bien, es propio de la naturaleza corporal el existir en algún individuo, que no subsiste sin materia corporal. Por ejemplo, pertenece a la razón de las naturalezas de la piedra o del caballo el que existan, respectivamente, en esta piedra concreta o en aquel caballo determinado; en la realidad de las cosas no hay una piedra en general o un caballo en abstracto. Por tanto, la naturaleza de las cosas materiales no se puede conocer completa y verdaderamente si no se conoce como existente en algo particular. Pero lo particular lo aprehendemos por los sentidos, y no por el intelecto (no hay intuición intelectual, en el sentido de un conocimiento directo de las esencias: en esto concuerdan peripatéticos y kantianos). Por tanto, para que el entendimiento entienda en acto su objeto propio, es necesario que se vuelva a la experiencia, para ver la naturaleza universal existiendo particularmente[21].

Esta vuelta a la experiencia es lo que Tomás de Aquino llama *conversio ad phantasmata,* retorno a las imágenes. Pero es importante tener en cuenta que el *phantasma* o *imagen sensible* no es lo directamente conocido, sino una similitud de la cosa conocida, que es lo que directamente se conoce a través de esa similitud. De manera que el *phantasma* se toma en su ser intencional, en su contenido objetivo (que es una semejanza de la cosa conocida), y no en su ser psicológico o «físico». Por medio de la reflexión se conoce la imagen en cuanto imagen, considerando la naturaleza del acto cognoscente y la especie por medio de la cual se conoce[22].

La unión del conocimiento intelectual con el sensitivo

La verdad de nuestro conocimiento implica, por lo tanto, la posibilidad del *conocimiento intelectual del singular,* es decir, la *continuación* del conocimiento intelectual en el sensitivo: la mente llega a lo singular en cuanto que su conocimiento se *continúa* en los sentidos, que versan sobre lo particular. Es ésta una tesis central de la teoría filosófica del conocimiento humano, con una importancia análoga a la que posee en antropología la de la unión sustancial del alma y el cuerpo, con la cual –por cierto– está íntimamente conexa.

21. *Suma Teológica,* I, q.84, a.7.
22. *De Veritate,* q.2, a.6.

Cuando decimos que la inteligencia tiene por objeto lo universal, estamos abreviando un estado de cosas que –en realidad– es más complejo. En principio, la inteligencia tiene por objeto la esencia de cada cosa (su operación es un *intus legere*). A su vez, la esencia –cuando está abstraída– tiene la propiedad de ser universal. El cometido de conocer al individuo *sub natura communi* –y, por tanto, de percibir en concreto el acto y la potencia, las causas, la sustancia y los accidentes– corre por cuenta de la cogitativa, sentido interno que es racional por participación. Por ser una facultad sensible (actúa mediante un órgano), capta lo particular; por ser participativamente racional, puede «ver» la esencia universal realizada en el particular. Incluso la persuasión de que algo determinado existe es obra de la cogitativa. Sin esta facultad, los conceptos intelectuales del entendimiento no tendrían una correspondiente experiencia a la cual volver[23].

> «El error de planteamiento comienza (...) cuando arbitrariamente –haciendo violencia a los verdaderos datos del conocimiento– se establece una incomunicación o solución de continuidad entre el entendimiento y el conocimiento sensible, que lleva a aplicar la abstracción negativa al ámbito de la metafísica, donde, en cambio, debe aplicarse la abstracción positiva o metafísica, que separa la naturaleza de sus condiciones de existencia, no omitiendo y abandonando pura y simplemente los individuos y las diferencias individuales, sino conociendo lo que deja y lo que asume y, consiguientemente, conociendo la distinción entre una y otra cosa»[24]. En efecto: las dificultades principales que históricamente han surgido para explicar la pecularidad del conocimiento humano, nacen de afirmar una incomunicación entre entendimiento y sensibilidad, que procede –a su vez– de la aplicación de un método intuicionista (que propugna un conocimiento directo de las esencias) y matematizante como es el de cuño cartesiano. El empirismo y el racionalismo topan con dificultades de fondo para fundamentar el tránsito cognoscitivo desde lo particular sensible hasta lo universal, y para encontrar la realidad concreta correspondiente a los conceptos.

El conocimiento intelectual del singular

La aprehensión intelectual del singular es indirecta (no intuitiva), porque supone una *conversio ad phantasmata*, una vuelta

23. *De Veritate*, q.10, a.5; cfr. *In Post. Analyt.*, lib. II, lect. 30.
24. CARDONA: op. cit., p.40.

reflexiva de la mente sobre su acto, para retomar su origen en la imagen. Es la reflexión *in actu exercito*, que acompaña a todo acto de entender, que le es concomitante. No se trata, pues, de un nuevo acto, de una reflexión *in actu signato*, es decir, explicitada por una intelección distinta de la primera. La llamada *via moderna* –de la que Occam es máximo representante– mantiene, en cambio, que nada se conoce, si no se conoce intuitivamente. De ahí que los nominalistas –y Suárez de otro modo– mantengan que hay intelección directa (intuitiva) de lo singular. Pero lo cierto es que no hay en el hombre intuición intelectual de lo singular, porque eso significaría una captación directa –no abstracta– de la esencia. Si tal captación aconteciera, conoceríamos todos los accidentes singulares, y la materia sensible entraría en nuestra definición de las cosas; mas ni lo uno ni lo otro acontece. La tesis de la intuición intelectual de lo singular surge de la pérdida de las estructuras ontológicas de la realidad (los diversos niveles de composición acto-potencia); y, más en concreto, de creer que la materia tiene un cierto acto en sí y que, por tanto, no es principio de limitación o coartación de la inteligibilidad.

Esta aprehensión intelectual del singular es, por tanto, indirecta. Pero, sin embargo, es inmediata y se da *statim, sine dubitatione et discursu:* inmediatamente, sin duda y sin razonamiento[25].

La continuación entre sentidos e inteligencia se da, por tanto, en la dirección que parte de los sentidos y llega al entendimiento: acontece en cualquier acto de abstracción, que implica inmediatamente la conversión a la imagen. También acaece en sentido inverso, desde la inteligencia hacia los sentidos, porque el entendimiento rige a las facultades cognoscitivas inferiores y –mediante la *ratio particularis* o cogitativa– ordena el conocimiento de lo singular[26].

3. ESPECIES E IDEAS

Conocer exige tener presente la cosa conocida. El Ser absoluto conoce las cosas en sí mismas, sin necesidad de actualización alguna. En los demás casos, el conocimiento se realiza por información: la cosa conocida se hace presente por medio de la especie o idea. El sujeto cognoscente finito se encuentra en potencia (acti-

25. *In IV Sent.*, d.49, q.2, a.2.
26. *De Veritate*, q.10, a.5.

va) para conocer un objeto u otro de los que abarca el objeto formal de las diversas facultades. Para conocer este determinado objeto, es preciso que se determine por medio de una especie que actualice la facultad para realizar el conocimiento de que se trate en cada caso. Esta actualización es la praxis cognoscitiva misma, en la que el cognoscente en acto es lo conocido en acto.

Pero lo que nosotros conocemos no son las especies –como pretenden los representacionistas– sino las cosas de las que las especies son semejanzas. La especie cognoscitiva tiene dos funciones:

1. *Subjetiva:* informa a la facultad como acto accidental suyo; por ella, la potencia cognoscitiva pasa a acto segundo.

2. *Objetiva:* la especie da a conocer. Es el medio por el que *(quo)* se conoce, pero no es lo que *(quod)* se conoce. Conocer por especies es un conocer inmediato, no *per aliud* o mediato (como cuando se conoce una cosa por medio del conocimiento de otra, según acontece –por ejemplo– en el raciocinio)[27]. La cosa se capta directamente, mientras que el sujeto se capta reflexivamente *(in obliquo):* «En todas las potencias que pueden volver sobre sus propios actos, se requiere previamente que el acto de la potencia tienda hacia otro objeto y que después vuelva sobre sí mismo»[28].

Es importante no dejarse engañar aquí por representaciones imaginativas de cosas materiales, que no pueden reflejar lo que es el conocimiento, cuya realidad tiene siempre una dimensión inmaterial. Al conocer por medio de ideas la realidad, no se trata de «ir más allá de la idea», como si para conocer algo distinto del conocimiento hubiera que «salir fuera» del conocimiento. Sería una vana pretensión, semejante a la del que quisiera saltar sobre su propia sombra o salir fuera de su piel. El conocer es –en sentido aristotélico– una *praxis,* una operación inmanente: perfecciona al sujeto que conoce y no a la cosa conocida. Es una operación no procesual, instantánea: se conoce e –inmediatamente– se tiene lo conocido. Pero esto no equivale, en modo alguno, a una versión inmanentista del conocimiento. Porque la idea misma se refiere a la realidad, es intencional según su propia naturaleza; como la naturaleza del intelecto es que se adecúe a las cosas. Así pues, no es necesario –ni posible– «salir fuera del conocimiento» para conocer algo distinto del mismo conocer: al conocer, sencillamente al conocer, *se conoce algo distinto del conocimiento.* (En el origen

27. *De Veritate,* q.8, a.3, ad 18.
28. *Contra Gentiles,* lib. III, cap. 26.

histórico del idealismo moderno se encuentra, precisamente, la pérdida del sentido práxico del conocer). El conocer no es, por lo tanto, un «proceso psíquico», que pudiera estudiarse por analogía con los procesos físicos. Es ésta una realidad que se está redescubriendo actualmente en la *filosofía de la mente* de los analíticos[29].

El carácter representativo del concepto

Advirtamos también que el carácter representativo que se adscribe al concepto en la gnoseología clásica no coincide con el sentido moderno de *representatio* o *Vorstellung*. El concepto no sustituye a la forma real, sino que remite intencionalmente a ella. El «estar por» o «suponer» no equivale, entonces, a «superponer» a la realidad efectiva una especie de segunda instancia, poseedora de una *realitas objectiva,* que dispensara de la investigación de cosas y casos reales. El concepto se considera como un camino hacia las cosas, *via ad res,* en el que primariamente no se detiene el pensamiento: sólo secundariamente reflexiona sobre él. Por lo tanto, la representación intelectual se puede entender, con la tradición, como un *signo formal,* cuyo ser consiste únicamente en ser signo; su realidad se agota en remitir a la realidad que en él *(in quo)* es conocida. *El signo formal es lo que, sin previa noticia de sí mismo, súbita e inmediatamente, representa algo distinto de él.*

> Cuando la tradición dice que el concepto es *via* hacia las cosas, no hay que entender esta comparación como si se tratara de un camino que se recorre sucesivamente, una vía procesual. Propiamente, no hay *procesos* mentales. El conocimiento intelectual es *praxis,* no *kínesis:* es operación, no movimiento. Aristóteles advirtió que –por no ser sucesivas– las operaciones del pensamiento se pueden designar igualmente con el presente y con el pretérito del verbo correspondiente, porque «uno piensa y ha pensado, entiende y ha entendido»[30], lo que no sucede en las acciones en las que está implicado el cuerpo.

La necesidad de recurrir al concepto, como aquello *en lo que* se conoce la cosa entendida, no duplica el objeto conocido ni el acto por el que se conoce. Y, por lo tanto, no convierte al conoci-

29. Cfr. por ejemplo: H. PUTNAM: *Mind, Language and Reality,* op. cit., pp. 272-273.
30. ARISTÓTELES: *Metafísica,* IX, 7, 1048b 22-24.

miento en mediato. Y así aparece el genuino sentido del *representar,* mal entendido por la filosofía de la conciencia. Como dice Juan de Santo Tomás, «representar no es otra cosa que hacer al objeto conocido presente a la potencia y unido a ella en su ser cognoscible»[31].

El concepto formal es el término de una operación inmanente, en el que el objeto se presenta y se propone como conocido. Si esa *presentación* es una *representación,* es porque el objeto conocido se hace presente *en* el término inmanente a la potencia, según su ser intencional y no según su ser físico. Pero ese ser intencional que el objeto tiene en el concepto es remitente al objeto mismo, de manera que el concepto no es la *cosa conocida,* sino sólo la especie en la que acontece la presencia de la cosa conocida.

Inmediatismo nominalista y mediatismo idealista

Se pueden salvar así tanto los riesgos del mediatismo representacionista o idealista como los del inmediatismo nominalista.

El *inmediatismo nominalista,* llevado por el indiscriminado imperativo del *conocimiento por presencia,* no advierte que lo que al intelecto se hace presente no es el objeto en su facticidad individual, sino el objeto en su esencia universal. Porque –como vio Aristóteles– «no es lo mismo la magnitud y la esencia de la magnitud, ni el agua y la esencia del agua»[32]. En el concepto la mente discierne «la esencia de la carne y la carne», es decir, *abstrae.*

Lo que el *conceptualismo idealista* por su parte, ignora es que la esencia presente en el concepto es «esencia-de»: esencia de la cosa y no del concepto: «esencia *de* la cosa *en* el concepto». Y esto es posible precisamente porque el concepto es intencional, porque es *representación-de* o *imagen-de* lo real conocido[33].

31. JUAN DE SANTO TOMÁS: *Cursus Philosophicus Thomisticus,* II Pars (Lógica), q.XXII, a.1 (Edic. de B. Reiser).

32. ARISTÓTELES: *De Anima, III,* 4, 429b ss.

33. «El concepto como signo formal, según decían los escolásticos tardíos, es precisamente esa pura *imagen de* (no imagen, sino imagen de...: en esto consiste su intencionalidad), *reflejo de,* sin ser él mismo nada de aquello de lo que es pura semejanza; con otras palabras: sin ser él mismo nada de aquello de lo que no es más que semejanza; y precisamente por ser pura semejanza es por lo que no es semejante». F. INCIARTE: *Ser veritativo y ser existencial.* «Anuario Filosófico», XIII, 2, 1980, p. 24.

Ambas equivocaciones provienen, por lo tanto, de una defectuosa comprensión del concepto, de no apreciar su peculiar naturaleza. Tomás de Aquino advirtió que el concepto formal puede considerarse de dos modos. Uno, en cuanto que se compara al cognoscente, esto es, en su ser real o natural; de este modo inhiere en el cognoscente como el accidente en su sujeto, y se puede decir que «está en la mente». Pero hay otra manera de considerarlo, que es más específica y característica, porque atiende a su ser representativo o intencional, en cuanto que se compara a lo conocido; de este modo, no dice inhesión, sino relación. Bajo esta segunda perspectiva, no se puede considerar como una especie de «cosa» que «está en la mente», porque atendiendo a su referencia no tiene razón de accidente. «Por eso, según esta consideración, el concepto formal no está en el alma como en su sujeto, y según esta comparación, va más allá de la mente, en cuanto que por el concepto formal son conocidas cosas distintas de la mente»[34].

Hay partidarios de una suerte de «realismo a ultranza» que, con el falso pretexto de evitar un supuesto idealismo, han pretendido eliminar la mediación funcional representativa, la especie en la que se conoce, requiriendo un «contacto directo» entre el sujeto y la cosa conocida. Es un intento vano e innecesario. En concreto, han rechazado la doctrina de las especies los nominalistas, Occam, Durando, Hobbes, Gassendi y el neorrealismo angloamericano. Pero resulta que sin acudir a las especies no se puede dar razón del conocimiento, ya que no hay entonces manera de explicar cómo el cognoscente se hace lo conocido. La concepción que estos «ultrarrealistas» tendrán del conocimiento será de índole material, como si conocer fuera ser físicamente afectado por el objeto. Ciertamente, esta tesis conduce al materialismo, pues impide considerar la espiritualidad del alma y niega la forma sustancial de las cosas. Según tan burda gnoseología, se llegaría a la cosa física directamente, y la presencia intencional quedaría reducida así al mero contacto físico, lo que equivale a perder la especificidad del conocimiento. (Algo semejante les ocurre a los que pretenden dar una visión «informática» –en el sentido de cibernética contemporánea– del conocimiento; el ingenio cibernético recibe y conserva datos, pero no conoce; lo cual no obsta para que en las teorías cibernéticas se encuentren tratamientos de interés, cuya comparación con la psicología aristotélica y tomista está siendo objeto de recientes investigaciones).

34. *Quodlibetum* VII, q.1, a.4. Cfr. J.L. FERNÁNDEZ RODRÍGUEZ: *El concepto en Santo Tomás*. «Anuario Filosófico», VII, 1974, p. 154.

La gnoseología de la metafísica del ser no se constituye como una simple salvaguarda frente al idealismo (es obvio que históricamente no ha sido así, y no hay razón teórica para que así sea). En concreto, no es cierto que el reconocimiento de las ideas –como acto accidental de la inteligencia, que *actúa* por ellas, pues se actúa en tanto que se *es*– lleve al idealismo. Lo que aboca al idealismo es el *mediatismo,* que consiste en hacer de las ideas el objeto inmediato del conocer, y de las cosas el objeto mediato (planteamiento que comparten con los idealistas no pocos realistas críticos). Hay que descartar también la objeción de que una misma forma no puede estar simultáneamente en dos sujetos: no puede «transmigrar» la forma de lo conocido al cognoscente. No hay transmigración alguna, ni el realismo precisa recurrir a ella. Porque la presencia de la especie en la mente es inmaterial: el intelecto la recibe, pero no como una materia recibe a una forma. Informado inmaterialmente por ese acto, el intelecto puede operar la acción vital de conocer las cosas. Al conocer poseemos la forma ajena «en cuanto ajena». La forma del discóbolo está materialmente –como propia– en el mármol de la estatua; en cambio, se halla intencionalmente en el que la conoce.

4. La reflexión y el conocimiento de sí mismo

Un principio básico de la metafísica del ser, al que ya se ha hecho alusión, es la tesis de que la perfección de una cosa depende de su actualidad, de que participe del acto con menor o mayor plenitud. Por lo que ahora nos compete tratar, debemos recordar que la actualidad de algo es la fuente de su inteligibilidad. Algo es cognoscible en cuanto que está en acto (*unumquodque cognoscibile est secundum quod est in actu*)[35], es decir, en cuanto que es. Dios, Acto puro, es por eso perfectamente cognoscible en sí mismo, absolutamente claro y luminoso.

El autoconocimiento humano

Dicho esto, consideremos cómo es el autoconocimiento humano. El hombre se conoce a sí mismo –sus actos, sus hábitos, sus

35. *Suma Teológica,* I, q.87, a.1.

potencias, su alma– por reflexión, no directamente: una vez que la mirada de la inteligencia se ha dirigido en línea directa *(intentio recta)* sobre las cosas exteriores, puede volver sobre sí *(intentio obliqua)* y contemplar su naturaleza y su ser propio[36].

Antes de seguir adelante, hagamos algunas precisiones terminológicas. En el lenguaje ordinario, «reflexionar» suele significar prestar mucha atención a un objeto de estudio, ponderar una decisión, «dar vueltas» a un asunto. En terminología filosófica, «reflexionar» significa volver sobre sí, conocerse a sí mismo o a sus propios actos. Otra palabra importante en este contexto es «conciencia», que significa la advertencia de los propios actos. Santo Tomás la utiliza sobre todo con sentido ético, para designar la advertencia de la moralidad de las acciones propias. También se utiliza en esta acepción en el lenguaje ordinario. Pero en la filosofía moderna el espectro significativo de este término se amplió hasta abarcar el entero ámbito de la teoría gnoseológica. Se llama, entonces, «conciencia» a cualquier conocimiento y se la identifica –según el principio de inmanencia– con el autoconocimiento. Los pensadores de la modernidad reducen, además, el hombre a conciencia, eliminando la facultad de conocer –uno de cuyos actos es el de autoconocerse– y el carácter de ente del sujeto que conoce. Se sustantiviza la conciencia. Por otra parte, se fenomenaliza: su ser se reduce a puro fenómeno –en el sentido de un «mostrarse» que margina «lo mostrado»– y sólo existe en la medida en que aparece. El resultado es eliminar la constitutiva complejidad del sujeto cognoscente, su composición de acto y potencia (el *suppositum* y su acto de ser, alma, potencias activas, actos), absorbiéndolo todo en el puro pensamiento.

Pero pasemos ya, directamente, a considerar cómo se conoce el hombre a sí mismo. «Es evidente que nuestro entendimiento, antes de entender, está en potencia, y por tanto no puede aún entender que entiende y no puede entenderse como entendimiento. Al conocer una cosa me pongo en acto de conocer, y así es en función del conocimiento de la cosa como yo conozco mi conocimiento y me conozco conociendo»[37]. Santo Tomás nos descubre otras implicaciones de este planteamiento: «Nuestro entendimiento posible no se conoce a sí mismo sino por la especie inteligible, por la que deviene actual en el ser inteligible (se hace a sí mismo inteligible en acto); por ello dice Aristóteles en el libro III

36. Cfr. *De Veritate*, q.10, a.9.
37. CARDONA: *Metafísica de la opción intelectual*, op. cit., p. 122.

De Anima que 'es cognoscible como las demás cosas', es decir, por ciertas especies tomadas de las imágenes o fantasmas, como formas propias. Por el contrario, las sustancias separadas, que están por naturaleza en ser inteligible actual, se conocen a sí mismas por su esencia y no por el conocimiento de la esencia de otra cosa»[38].

No estamos siempre entendiendo, sino que pasamos en cada intelección de la potencia activa al acto. Y sólo somos inteligibles cuando estamos en acto de entender. Leamos con atención este luminoso texto de Tomás: *«En todas las potencias que pueden volver sobre sus propios actos, se requiere previamente que el acto de la potencia tienda hacia otro objeto y que después vuelva sobre sí mismo.* Porque si el entendimiento entiende que entiende, antes es necesario que entienda algo y, como consecuencia, que entienda que entiende; pues entender que el entendimiento entiende es entender algo; y por eso, o se procede hasta el infinito o, si se ha de llegar a lo primero entendido, es preciso que eso no sea el mismo entender sino una cosa inteligible, como es necesario que lo primero querido no sea el mismo querer»[39].

Aunque el entendimiento siempre esté presente a sí mismo, se actualiza sólo cuando es informado por las especies inteligibles de las cosas que conoce, y por eso puede decir que se conoce a sí mismo, no por su esencia, sino *por especies.* (En cambio, el entendimiento angélico comienza entendiéndose a sí mismo, pues su objeto propio es su misma esencia; mientras que el objeto propio del entendimiento humano es el ente material conocido por los sentidos y presente a la inteligencia por la especie inmaterial). Nos conocemos a nosotros mismos *per essentiam* (en el sentido del *medium quo* –como en la especie– del conocer) sólo habitualmente, porque el alma está siempre presente a sí misma, y no necesita adquirir una especie habitual diversa para estar en condiciones habituales de conocerse a sí misma. Por el contrario para conocer otras cosas, necesita especies que le den un saber habitual. Sin embargo, para pasar al acto mismo de conocerse, la inteligencia necesita de las especies que –al informarla– la actualizan haciéndola inteligible en acto.

La especie pone en acto al entendimiento, que pasa entonces a la operación de entender. Y, así, el hombre percibe que es y que vive –en acto primero– al experimentar sus propias operaciones –actos segundos– tales como las de entender y querer. El alma se

38. *Contra Gentiles.* lib. II, cap. 98.
39. *Contra Gentiles.* lib. III, cap. 26.

conoce por sus propios actos *(per actos suos)*. Es decir, que sólo podemos conocernos a nosotros mismos en cuanto que conocemos, en cuanto que estamos actualizados por las especies a través de las cuales conocemos realidades distintas a nosotros mismos.

Los modos de la conciencia y su alcance

Recordemos, en primer lugar, que las potencias no espirituales –los sentidos y apetitos– no pueden reflexionar sobre su propio acto, por estar determinadas por su órgano correspondiente. Por ejemplo, el oído oye sonidos, pero no oye que oye. El *sentido común* –o *sensorio común*– da una primera noticia de todas las sensaciones, pues una de sus funciones es la de hacer conscientes los actos sensitivos. Sin embargo, el sensorio común no es una potencia reflexiva, porque lo que conoce son los actos de otros sentidos y no los suyos propios.

Sólo las potencias espirituales son propiamente reflexivas, porque sus propios actos caen dentro de su objeto, que es universal. De este modo, la voluntad –cuyo objeto es el bien– puede querer su propio acto, en cuanto que es bueno; y la inteligencia –cuyo objeto es el ente verdadero– puede entender su propio acto, en cuanto que es verdadero. El alma tiene esta capacidad de que su operación pueda volver completamente sobre sí misma. Tal *reditio completa* sólo es posible si se trata de una operación completamente independiente de la materia, porque nada de lo que un sujeto posee materialmente lo puede poseer también inmaterialmente. De aquí que el querer y el entender sean operaciones espirituales que implican la subsistencia propia del alma en el ser, y no la subsistencia en cuanto informando una materia: corrompido el compuesto humano por la muerte, subsiste el alma inmortal.

De todas las potencias cognoscitivas, sólo la inteligencia es capaz –en la reflexión– de entender al sujeto, emitiendo el juicio «yo soy», en el que «yo» es el *suppositum* que tiene el ser, la sustancia del hombre que se autoconoce.

Sobre la base de la experiencia sensible, la inteligencia entiende lo que el sensorio común le proporciona –los actos del sentir y del apetecer sensible– y, además, entiende su propio acto y los actos volitivos, llegando a su propia sustancia, conociéndola como ente. Se trata de una captación interior experiencial: es una percepción interna de un sujeto espiritual y de sus actos, que –desde la perspectiva ética– hace posible que el hombre sea responsable de sus acciones libres. No sólo percibe la mera existencia de actos interiores, sino que de algún modo –confusamente– se capta su inmaterialidad. Es un conocimiento positivo de un ente espiritual concreto. Es un conocimiento por presencia, indirecto e inmediato. En esta percepción se aprecia que no todo lo que el hombre conoce ha de estar sujeto a los sentidos, puesto que el mismo entendimiento se entiende a sí mismo en su acto no sometido al sentido[40]. Se trata, por tanto, de una realidad de la que jamás podrán dar cuenta los materialismos y empirismos de diverso jaez: el hombre mismo –en cuanto que conoce las esencias de las cosas, se autoconoce y actúa libremente– es su piedra de escándalo. De ahí su continuo intento –condenado de antemano al fracaso por la misma realidad– de rebajar al hombre al nivel de los brutos y negar su libertad.

Examinemos con mayor detalle el *acto reflexivo.* Cuando se entiende algo, se percibe de modo secundario –concomitante– que se entiende, pues el sujeto conoce que la cosa le es manifiesta, aunque no por eso se conoce todavía la naturaleza del principio de entender, es decir, del sujeto. Se trata de una reflexión ejercida *(in actu exercito),* que acompaña al acto de entender algo, pero indirecta y condicionada por la determinación del objeto. Puede venir después –aunque no siempre es necesaria– la reflexión *in actu signato,* por la que el sujeto vuelve sobre su propio acto, y que requiere una *intentio* peculiar, dirigida precisamente al autoconocimiento como tal.

Hay que distinguir por lo tanto una conciencia espontánea y una conciencia refleja:

1. *Conciencia espontánea:* Siempre que se entiende algo, se percibe a la vez, consectariamente, que se entiende. Es una reflexión *in actu exercito* propia del acto intelectual, inmediata pero indirecta, y que supone que el sujeto se haya actualizado en el conocimiento del objeto[41]. Sin esta conciencia concomitante, no sería posible el acto de la conciencia refleja, ya que no tendría la noticia que en la reflexión completa se expresa.

2. *Conciencia refleja:* No tiene por qué darse siempre que se conoce, ya que es evidente que no siempre estamos examinándonos, pues eso requiere un volver sobre sí explícito, una reflexión nueva, *in actu signato* esta vez. Es una reflexión completa, que la conciencia sensible nunca puede alcanzar[42].

40. Cfr. *Suma Teológica,* I, q.79, a.43; *De Veritate,* q.10, a.8; *De Malo,* q.6, a. único, ad 18 um.
41. *Suma Teológica,* I, q.111, a.1, ad 3 um.
42. *De Veritate,* q.1, a.5, ad 5 um.

La percepción interior no basta para el pleno conocimiento de sí mismo. Es un tópico de la filosofía occidental el poner de manifiesto la dificultad que cada hombre tiene de conocerse a sí mismo y, en general, lo difícil que resulta dar una cumplida respuesta a la pregunta «¿qué es el hombre?». Para conocer nuestra propia naturaleza de modo científico, se precisa una elaboración conceptual compleja y un ejercicio del raciocinio, partiendo siempre del conocer espontáneo. Este conocimiento de nuestra propia naturaleza se basa en examinar la esencia de las especies de la mente, y a partir de ella –captando de algún modo su espiritualidad– se llega a conocer la naturaleza espiritual del alma, su inmortalidad, su libertad, y otra serie de propiedades estudiadas por la psicología filosófica[43].

Además de esta reflexión sobre la naturaleza de los propios actos y de su sujeto próximo y remoto, cabe otro modo de reflexionar sobre los actos de conocer, atendiendo a su aspecto intencional, en lugar de considerar su realidad psicológica. Se trata entonces de la reflexión lógica, que estudia las relaciones que los contenidos intelectualmente conocidos adquieren al ser enlazados en un sistema científico. La lógica no reflexiona sobre la facticidad de los procesos psicológicos –como pretenden los psicologistas– sino sobre esas relaciones de razón, que son *intenciones segundas.*

Para conocer la existencia de Dios como Causa primera del ente en cuanto tal, el conocimiento propio no goza de ningún privilegio sobre el conocimiento de las cosas externas a nosotros. Desde la pura reflexión lógica, además, es imposible conocer a Dios, porque no se llega más que a una realidad pensada (el argumento ontológico ha sido casi siempre el preferido por los racionalistas e idealistas, mientras que la metafísica del ser lo considera inconcluyente). El camino que conduce al conocimiento de la existencia de Dios es el ente, las cosas de la experiencia en cuanto que tienen ser, y no una forma determinada. Pero el conocimiento de nuestra alma espiritual nos sirve para conocer por analogía la naturaleza espiritual de Dios[44].

5. La libertad en el conocimiento y la dimensión ética de la actividad científica

Sabemos que la libertad es una propiedad de la facultad de querer, en virtud de la cual el hombre está dotado de una capaci-

43. *De Veritate*, q.10, a.8.
44. *Contra Gentiles*, lib. III, cap. 47.

dad radical –aunque no absoluta– de autodeterminación. «En su sentido más íntimo y positivo, la libertad se entiende como origen y principio único del propio acto; y para el hombre, como autodeterminación radical: como posición total del acto humano –en su propio orden, que presupone siempre el ser– por parte de la persona. A la vez, hay que decir que nuestra libertad no subsiste en sí misma, sino que es una propiedad de nuestra facultad de querer»[45].

La voluntad y el intelecto

La voluntad presupone el intelecto –*nihil volitum nisi precognitum*–, pero de algún modo es superior a él, en cuanto que lo domina al tener por objeto suyo el fin. Y en el dominio sobre el fin se da principalmente la razón de libertad y señorío[46]. La voluntad, en efecto, mueve al entendimiento a considerar lo que quiere: *intelligo quia volo*[47].

Entre las potencias del alma, la voluntad tiene la función de primer movente, y su acto en cierto modo es previo a los actos de las demás facultades, porque los impera a todos y los utiliza en orden al fin último elegido[48]. Esta primacía no debe entenderse en el aspecto constitutivo de las facultades, en el que hay una anterioridad del entendimiento, ya que la voluntad requiere un cierto conocimiento del *ens* y del *bonum*, al que tiende de manera espontánea, con apetito natural *(voluntas ut natura)*. Debe entenderse, más bien, en el sentido del ejercicio actual de las operaciones o actos segundos *(voluntas ut ratio)*. El ejercicio de la facultad intelectual depende de la voluntad, de la intensidad de su acto, de que sea buena o mala, y fundamentalmente del bien último que quiere la voluntad –y por ella el hombre entero–, porque «lo principalmente querido es, para los que tienen voluntad, la causa de su querer»[49].

El conocimiento de Dios –al menos en su grado ínfimo– es decisivo para el destino del hombre, para toda su conducta, y en consecuencia afecta directa y propiamente al ejercicio de la voluntad humana. Por eso, el ejercicio mismo de esa libertad es de

45. CARDONA: *Metafísica de la opción intelectual*, p. 128.
46. Cfr. *In II Sent.*, d.25, q.1, a.2, ad 4 um.
47. Cfr. *De Malo*, q.6, a.1; *Suma Teológica*, I-II, q.4, a.4, ad 2 um.
48. *In III Sent.*, d.33, q.3, a.1, sol 1.
49. *Contra Gentiles*, lib. I, cap. 74.

terminante para el desarrollo de ese conocimiento al que denominamos *sapiencial,* en cuanto que es saber de las últimas causas y ordenación de la vida. De aquí que haya una inclinación natural –tanto en el intelecto como en la voluntad– a alcanzar rectamente ese conocimiento y llevarlo a su plenitud posible[50].

La voluntad mueve al intelecto hacia el fin que la voluntad quiere. Y esto afecta no sólo a los actos de la inteligencia, sino también a sus hábitos. Entre ellos se encuentra la *ciencia,* como conocimiento cierto por causas. La ciencia es, en efecto, un hábito del entendimiento que se adquiere mediante actos imperados por la voluntad y que, libremente, se usa o no.

Ciencia y responsabilidad ética

En consecuencia –de modo muy directo para las ciencias que son sabiduría: filosofía y teología– la misma ciencia (o su privación) cae de algún modo bajo la responsabilidad ética del hombre, pues está en manos de su libertad[51].

En nuestro tiempo ha disminuido el entusiasmo decimonónico por una ciencia completamente autónoma de toda regulación ética: los resultados de ese planteamiento utópico han sido demasiado duros (basta pensar en la física nuclear, cuando se investiga en ella para fines bélicos). Sin embargo, resurge una y otra vez esa «mística de la ciencia pura», el ideal de una *ilustración total* como algo que –si se alcanzara– haría automáticamente bueno al hombre y resolvería todos los problemas sociales. Ese supuesto ideal debe declararse ilusorio, porque el propio ejercicio de la ciencia está penetrado de moralidad –o inmoralidad–; en sí mismo, el conocimiento no hace bueno al hombre; lo que hace bueno al hombre es la voluntad buena, de la que procede el conocimiento bueno. El considerar la ciencia como un *saber de salvación* es una nueva versión del gnosticismo.

Hay que tener en cuenta que no sólo la voluntad es sujeto del bien o mal moral, sino también todas aquellas potencias que pueden ser movidas por la voluntad[52]. Por eso, el error, en cuanto sometido a la voluntad, puede ser moralmente calificable[53].

50. *In II Sent.*, d.34, q.1, a.3, ad 4 um.
51. *In II Sent.*, d.22, q.2, a.1, ad 3 um.
52. *Suma Teológica*, I-II, q.74, a.2.
53. *Suma Teológica*, I-II, q.74, a.5.

> Estos aspectos morales afectan también a la recepción de la ciencia de otro: estudio, enseñanza, aprendizaje. La instrucción y la ciencia se dirigen a conocer lo verdadero y lo bueno[54]. No es, por tanto, correcta la actitud de los que, por un prurito de «objetividad», creen que las ciencias deberían prescindir de fines y de consideraciones morales. Esto es imposible, porque al prescindir de los fines y de las valoraciones éticas ya es una posición moral. De hecho, siempre se persiguen determinados fines, de acuerdo con unas normas (a veces inconfesables). El abuso de la libertad de quien está desordenado respecto del fin, lleva a considerar las cosas prescindiendo de lo que no le parece conveniente al fin propuesto.

El conocimiento sapiencial es directamente moral y tiene una gran importancia porque dirige el resto del saber. De aquí que el influjo moral sea particularmente inmediato en el estudio de la metafísica y que, a través de ella, llegue a las demás artes y ciencias humanas.

La sabiduría y las ciencias

La sabiduría es la cabeza de todas las ciencias, ya que, al considerar los principios de las cosas, regula todos los conocimientos[55]. Porque, así como los sentidos dirigen los movimientos y operaciones de todos los miembros del cuerpo, así la sabiduría dirige todas las otras ciencias, que toman de ella sus principios[56]. La sabiduría natural, en el orden científico, es la filosofía y, en sentido estricto, la metafísica, que es la filosofía sin más.

De las ciencias segundas –entre las que se encuentran lo que hoy llamamos *ciencias positivas*– no se puede esperar la sabiduría en sentido propio: una visión completa y profunda de la realidad jamás puede ser alcanzada si se prescinde de la sabiduría, pues, por mucho que se prolongue la investigación en la línea de las causas segundas, que las ciencias particulares estudian en detalle, nunca se llegará a una culminación, mientras no se pase al plano metafísico.

Las disposiciones morales para el recto saber

El recto saber requiere unas disposiciones morales que ayudan al acto bueno de la voluntad. Se conoce mejor aquello que se

54. *Suma Teológica*, II-II, a.1, ad 2 um.
55. *In Boethium De Trinitate. Proemium*, q.2, a.2, ad 1 um.
56. *In IV Ethicorum*, lect. 6.

ama, porque el amor connaturaliza al que ama con lo amado. Y como lo semejante se conoce por lo semejante –en virtud de la asimilación cognoscitiva, que es de orden intencional–, la connaturalidad afectiva y amorosa hace posible un conocimiento cada vez más profundo, estable y progresivo.

Lo propio de la sabiduría es dar un juicio, y no sólo percibir. El juicio se da porque se tiene ese conocimiento –el juicio expresa el conocimiento–, y también por una inclinación, pues aquél que vive una determinada virtud, está naturalmente bien dispuesto para juzgar bien de todo lo que se refiere a esa virtud, aunque no se haya dedicado a estudiarla científicamente[57].

En definitiva, nuestro conocimiento comienza por el ente, mediante los sentidos. Atraído por su bondad real –que los entes poseen en sí mismos, pero no por sí mismos y, en último término, tampoco para sí mismos–, conoce su principio y se conoce a sí mismo y conoce el orden de la realidad a su fin. El riesgo de nuestro conocimiento en orden a nuestro destino propio es proporcionado a la capacidad de nuestra libertad. Conviene a nuestro conocimiento sapiencial una libertad bien ordenada y ejercida. Conviene a nuestra libertad un conocimiento sapiencial verdadero y conforme a las características específicas e individuales del entendimiento humano. Sólo accidentalmente esos dos aspectos pueden estar de algún modo disociados. De ahí la importancia de la vida recta para el conocimiento verdadero, y del conocimiento verdadero para la vida recta. Apreciamos así cómo el saber filosófico está comprometido con la vida real de cada hombre. En último término, conocer y amar son las más características actividades vitales del hombre.

57. *Suma Teológica*, I, q.1, a.6, ad 3 um.

BIBLIOGRAFIA BASICA

CARDONA, C.: *Metafísica de la opción intelectual.* Rialp, Madrid 1973, 2.ª edic.

CHOZA, J.: *Conciencia y afectividad (Aristóteles, Nietzsche, Freud).* Eunsa, Pamplona 1978.

FABRO, C.: *Percepción y pensamiento.* Eunsa, Pamplona 1978.

GARCÍA LÓPEZ, J.: *Doctrina de Santo Tomás sobre la verdad.* Eunsa, Pamplona 1967.

GEACH, P.: *Mental Acts.* Routledge and Kegan Paul, Londres 1971.

GILSON, E.: *El realismo metódico.* Rialp, Madrid 1952.

HOENEN, A.: *La théorie du jugement d'aprés St. Thomas d'Aquin.* Analecta Gregoriana, Roma 1953, 2.ª edic.

INCIARTE, F.: *El reto del positivismo lógico.* Rialp, Madrid 1974.

LAKEBRINK, B.: *Hegels dialektische Ontologie und die thomistische Analektik.* A. Henn, Ratingen 1968.

LLANO, A.: *Fenómeno y trascendencia en Kant.* Eunsa, Pamplona 1973.

MILLÁN PUELLES A.: *La estructura de la subjetividad.* Rialp, Madrid 1967.

PIEPER, J.: *El descubrimiento de la realidad.* Rialp, Madrid 1974.

PUTNAM, H.: *Mind, Language and Reality.* University Press, Cambridge 1979.

RABADE, S.: *Descartes y la gnoseología moderna.* G. del Toro, Madrid 1971.

SEIFERT, J.: *Erkenntnis objektiver Wahrheit.* A. Pustet, Salzburg 1976, 2.ª edic.

TONQUEDEC, J. DE.: *La critique de la connaissance.* Lethielleux, París 1961, 3.ª edic.

VERNEAUX, R.: *Epistemología general.* Herder, Barcelona 1971.

PUBLICACIONES DE LA FACULTAD DE FILOSOFÍA Y LETRAS DE LA UNIVERSIDAD DE NAVARRA

INICIACIÓN FILOSÓFICA

1. TOMÁS ALVIRA, LUIS CLAVELL, TOMÁS MELENDO: *Metafísica* (8.ª ed.).
2. JUAN JOSÉ SANGUINETI: *Lógica* (7.ª ed.).
4. ALEJANDRO LLANO: *Gnoseología* (7.ª ed.).
5. IÑAKI YARZA: *Historia de la Filosofía Antigua* (6.ª ed.).
6. MARIANO ARTIGAS: *Filosofía de la Naturaleza* (5.ª ed./1.ª reimpr.).
7. TOMÁS MELENDO: *Introducción a la Filosofía* (3.ª ed.).
9. ÁNGEL LUIS GONZÁLEZ: *Teología Natural* (5.ª ed.).
10. ALFREDO CRUZ PRADOS: *Historia de la Filosofía Contemporánea* (2.ª ed./2.ª reimpr.).
11. ÁNGEL RODRÍGUEZ LUÑO: *Ética general* (6.ª ed.).
13. JUAN CRUZ CRUZ: *Filosofía de la historia* (2.ª ed.).
15. GABRIEL CHALMETA: *Ética social. Familia, profesión y ciudadanía* (3.ª ed.).
16. JOSÉ PÉREZ ADÁN: *Sociología. Concepto y usos.*
17. RAFAEL CORAZÓN GONZÁLEZ: *Agnosticismo. Raíces, actitudes y consecuencias.*
18. MARIANO ARTIGAS: *Filosofía de la ciencia* (2.ª ed.).
19. JOSEP-IGNASI SARANYANA: *Breve historia de la Filosofía Medieval* (2.ª ed.).
20. JOSÉ ÁNGEL GARCÍA CUADRADO: *Antropología filosófica. Una introducción a la Filosofía del Hombre* (5.ª ed./1.ª reimpr.).
21. RAFAEL CORAZÓN GONZÁLEZ: *Filosofía del Conocimiento.*
22. MARIANO ARTIGAS: *Ciencia, razón y fe* (2.ª ed.).
23. J. LUIS FERNÁNDEZ Y M.ª JESÚS SOTO: *Historia de la Filosofía Moderna* (2.ª ed.).
24. MARIANO ARTIGAS: *Las fronteras del evolucionismo.*
25. IGNACIO YARZA: *Introducción a la estética.*
26. GLORIA MARÍA TOMÁS: *Cuestiones actuales de Bioética* (2.ª ed.).
27. ANTONIO MALO PÉ: *Introducción a la psicología.*
28. JOSÉ MORALES: *Filosofía de la Religión* (2.ª ed.).
29. ALFREDO CRUZ PRADOS: *Filosofía Política.*